Dalai Lama

Vision des Herzens

HERDER / SPEKTRUM

Band 4727

Das Buch

Am Ende des Jahrtausends mischen sich Hoffnung und Ängste. Was wird von den Traditionen bestehen, welches wird die Rolle der Religionen in einer Epoche der Globalisierung sein? Tenzin Gyatso, der XIV. Dalai Lama und eine der großen geistigen Leitfiguren unserer Zeit, erläutert in dieser Situation seine Vision: Er beschreibt die traditionellen Wurzeln und Grundzüge des Buddhismus und seinen eigenen Blick auf die Zukunft. Die Zukunft der großen Menschenfamilie – davon ist der Dalai Lama überzeugt – hängt von der inneren Geisteshaltung der einzelnen Menschen ab. Zentrale Werte, entscheidend nicht nur für eine geglückte Gestaltung des eigenen Lebens, sondern auch für die Lösung der Weltprobleme (und auch des Tibet-Problems) sind: innerer Frieden, Gewaltlosigkeit, Freiheit, Menschenrechte, Gerechtigkeit, Toleranz, Güte, Verantwortung, Liebe, Mitgefühl, Brüder- und Schwesterlichkeit, Offenheit, gegenseitiger Respekt und Harmonie mit der Natur. Der Dalai Lama ist überzeugt: Diese Werte bieten die ethische Grundlage für Wirtschaft, Politik, Wissenschaft und Religion und sind wegweisend für den Dialog zwischen den Weltreligionen und die Begegnung des einzelnen mit den anderen. Je mehr Menschen diese Werte beherzigen und bereit sind, innere Türen zu öffnen, desto eher kann das 21. Jahrhundert zu einem Jahrhundert des Dialogs werden. Undogmatische und vorurteilsfreie Offenheit bezüglich pluraler Weltanschauungen und die feste Überzeugung von dem gemeinsamen Auftrag der Weltreligionen angesichts der globalen Probleme – das ist konstitutiv für diese Haltung. Ein optimistisches Buch, das jeden Leser und jede Leserin dazu einlädt, mit- und nachzudenken. Ein lebendiges, sehr spontanes, oft erzählerisches persönliches und eindringliches Zeugnis von einem der großen spirituellen Führer unserer Zeit. Ein Glossar zu buddhistischen Schlüsselbegriffen rundet das Buch ab.

Die Autoren

Der XIV. Dalai Lama, Tenzin Gyatso, geb. 1935, ist weltweit bekannt als spiritueller Führer. Er ist das geistliche und weltliche Oberhaupt der Tibeter und Träger des Friedensnobelpreises. Bei Herder/Spektrum u. a.: „Einführung in den Buddhismus" (Band 4148); „Der Friede beginnt in dir" (Band 4451); „Tibet – Ort der Götter, Land der Tränen" (Band 4497); „Tod und Unsterblichkeit im Buddhismus" (Band 4555); „Das kleine Buch vom rechten Leben" (Band 4704); „Mitgefühl und Weisheit" (Band 4288).

Piero Verni ist Journalist und Präsident der Assoziazione Italia-Tibet, der seit 1981 in engem Kontakt mit S. H. dem Dalai Lama steht.

Dalai Lama

Vision des Herzens

Wieso ich optimistisch in die Zukunft sehe

Herausgegeben von Piero Verni

Aus dem Italienischen von Anette Schmitt

Herder
Freiburg · Basel · Wien

Titel der italienischen Originalausgabe:
La visione interiore

Gedruckt auf umweltfreundlichem,
chlorfrei gebleichtem Papier

Redaktion: L. Yeshe Udo Regel

Deutsche Erstausgabe

Satz: Fotosetzerei G. Scheydecker, Freiburg i. Br.
Druck und Bindung: Freiburger Graphische Betriebe 1999
Umschlaggestaltung: Joseph Pölzelbauer
Umschlagmotiv: © Urania Verlags AG Neuhausen/Schweiz
ISBN 3-451-04727-6

Inhalt

Einführung 7
von Piero Verni

Dank 13

Die Grundlage der Lehre des Buddha:
die Vier Edlen Wahrheiten 19

Das Leiden überwinden:
Dharma, Mitgefühl und Meditation 27

Jahrhundertealte Tradition:
die Geschichte des Buddhismus in Tibet 43

Befreiung von inneren und äußeren Hindernissen:
Kalachakra 69

Wie dem Tod gegenübertreten?
Der „Geist des Klaren Lichtes" 79

Das Fremde kennenlernen, ohne das Eigene zu vergessen:
die Begegnung zwischen Ost und West 87

Technologischen Fortschritt und inneres Wachstum
verbinden: Buddhismus und Wissenschaft 101

Verschiedene Wege zum gleichen Ziel: der Dialog
zwischen den Religionen und die Zukunft der Welt 110

Gemeinsam das Leben auf der Erde verbessern: für eine Politik der Freundlichkeit und universelle Verantwortung 126

Glossar 137

Literatur 143

Einführung

von Piero Verni

Im Mai 1981 hatte ich zum ersten Mal die Gelegenheit, ein privates Interview mit Seiner Heiligkeit, dem XIV. Dalai Lama führen zu können. Von diesem Zeitpunkt an bin ich ihm kontinuierlich mehrere Male im Jahr begegnet. Es waren Begegnungen, die mein Leben verändert haben. Ich hatte die Möglichkeit, viele Stunden an der Seite eines Mannes zu verbringen, der es mir durch sein Verhalten, seine Ideen und seine Lehren ermöglichte, mich und meine Umwelt auf eine so tiefgründige und positive Weise wahrzunehmen, wie ich es noch nie zuvor erlebt hatte. Als Journalist, als Autor einer Biographie über den Dalai Lama und als Vertreter einer Tibet-Initiative bin ich Seiner Heiligkeit im Laufe der letzten sechzehn Jahre in Indien und in vielen anderen Teilen der Welt begegnet. Bei all diesen Treffen und Interviews waren seine Antworten auf meine Fragen immer direkt, ehrlich und aussagekräftig.

Es ist schwer in Worte zu fassen, was der Dalai Lama seinen Gesprächspartnern mitteilt. Es gelingt ihm, zur gleichen Zeit Bescheidenheit und Würde authentisch auszustrahlen, ohne dabei einen künstlichen Schein zu wahren. Selbst wenn er voller Ernst von der Tragödie seines Landes spricht, ist seine Rede von einer Ironie durchdrungen, der man nicht widerstehen kann, und seine ernsten und tiefgründigen Mitteilungen werden hin und wieder von einem herzlichen und lauten Lachen unterbrochen. Während unserer Begegnungen habe ich mit Seiner Heiligkeit über die verschiedensten Themen diskutiert. Von der Religion kamen wir auf die Politik, von der Ethik auf die Ökologie zu sprechen. Wir diskutierten über die Situation im indischen Exil, die uns hin zu neuesten technologischen Erfindungen führte. Über all diese Themen hinaus hat der Dalai Lama vor allem von der tibetischen Kultur gesprochen, von jener faszinierenden Welt, die bis in die Mitte unseres Jahrhunderts intakt war und von der brutalen chinesischen Invasion mit unerhörter Gewalt hinweggefegt wurde. Die von Peking gesteuerte Zerstörung des Landes und der kulturelle Genozid in Tibet haben nicht nur die Frauen und Männer des Schneelandes ihrer Freiheit und Unabhängigkeit beraubt. Sie haben der ganzen Welt Schätze geraubt, die zu den kostbarsten Gütern der Menschheit zählen. Heute, nach vierzig Jahren erbarmungsloser chinesischer Herrschaft, sind wir alle ärmer und einer Sache beraubt worden, die auch ein Teil von uns war.

Eine der erhabensten Lehren des Dalai Lama, bezieht sich auf die Fähigkeit, dieser Gewalt standzuhalten, und diese Fähigkeit definiert er als Politik der Freundlichkeit, die sich durch die Kraft der Toleranz, des Mitgefühls und der geistigen Öffnung auszeichnet. Leider geschieht es derzeit auf der Welt sehr häufig, daß der Unterdrückte noch unmenschlicher und gewalttätiger wird als der eigentliche Unterdrücker. Die Botschaft des Dalai Lama zielt auf das genaue Gegenteil: Wenn wir uns mit Stärke unseren Unterdrückern widersetzen wollen, dann müssen wir an erster Stelle qualitativ anders sein als diese. Unser Handeln und Kämpfen muß sich auf anderen Gleisen bewegen, um Wirkung zu erzielen. Diese Haltung, die wir politische Ethik nennen könnten, ist Teil der äußersten Konkretheit, mit der Seine Heiligkeit die Prinzipien und Grundbegriffe der buddhistischen Tradition auf das reale Leben anwendet. In den Worten und Handlungen des Dalai Lama wird der Buddhismus zu etwas, das auf Wirksamkeit ausgerichtet ist. Für mich ist der Buddhismus, wie er vom Dalai Lama gelehrt wird, nicht theoretisch-abstrakt und verschult, und ich glaube, mein persönlicher Eindruck wird von allen geteilt, die dem Dalai Lama begegnet sind. Im Gegenteil, der Buddhismus hilft, die konkrete Existenz derjenigen zu verbessern, die ihn praktisch umsetzen möchten.

Ich könnte viele Beispiele geben, wie der Dalai Lama die buddhistische Lehre, die er vermittelt, lebt und verkörpert. An dieser Stelle sei nur eine Episode aufgegriffen, bei der ich persönlich anwesend war. In der zweiten Hälfte der achtziger Jahre fand ich mich für Interviews in Dharamsala ein, dem Sitz des Dalai Lama im Exil, einem kleinen Städtchen in Himachal Pradesh im Norden Indiens. Der Dalai Lama hatte mir erlaubt, an einer Audienz teilzunehmen, bei der eine Gruppe Tibeter empfangen werden sollte, die soeben aus Tibet geflohen waren. Ich kam einige Minuten zu früh in die Residenz Seiner Heiligkeit und sah diese kleine Flüchtlingsgruppe, die vor dem Audienzzimmer, in dem die Begegnung stattfinden sollte, auf Einlaß wartete. Es standen dort eine junge Frau mit ihrem Baby auf dem Rücken, ein alter Mönch, eine weitere Frau, und nach und nach fing die ganze Gruppe zu weinen an. In diesem so leisen und würdevollen Weinen auf der Veranda vor dem Audienzzimmer des Dalai Lama wurde die ganze Erinnerung an die grausamen Gewalttaten und an die dramatische Lage in Tibet lebendig, dem Land, aus dem diese Leute fliehen mußten. Es war für mich ein Moment unsagbarer Ergriffenheit, den ich nie vergessen werde. Nach kurzer Zeit kam der Dalai Lama. Schweigend blieb er für einige Minuten bei der Gruppe stehen und schaute mit liebevollem Blick und energischem Lächeln die Frauen und Männer an. Abwechselnd beobachtete ich den Dalai Lama und seine Landsleute und konnte dabei wahrnehmen, wie zwischen ihnen eine wortlose und dennoch unerhört kraftvolle Kommunikation entstand. Für diese Tibeter war Seine Heiligkeit tatsächlich die irdische Manifestation des Prinzips des Mitgefühls und kein Gelehrter oder Studierter abstrakter Kenntnisse. Selbst mir als Nicht-Tibeter entging der Blick des Dalai Lama nicht. Nach einigen Minuten verlor das Schluchzen und Weinen, das den kleinen Personenkreis geschüttelt hatte, an Intensität und verstummte dann gänzlich, während der Ort in einer grenzenlosen Andacht zurückblieb. Schließlich begann als erster der Dalai Lama zu sprechen und fragte die Flüchtlinge nach Einzelheiten ihrer Flucht und Lage.

Ich weiß nicht, ob es mir gelungen ist, die „Magie" dieser Begebenheit zu vermitteln, die Intensität, mit der der Dalai Lama die Lehre verkörpert, deren Träger er ist.

Seit meiner ersten Begegnung mit dem Dalai Lama bin ich mit Dutzenden von Journalisten ins Gespräch gekommen, die ihn ebenfalls kennengelernt haben, darunter auch wirklich erfahrene und sachliche Profis, die daran gewöhnt sind, die „Mächtigen der Welt" zu befragen, und dennoch gab es nur wenige, die nicht tief beeindruckt waren von der Faszination des Dalai Lama, von seiner Menschlichkeit und der Stärke seiner Botschaft.

Im vorliegenden Buch stehen die religiösen, spirituellen und ethischen Aspekte im Denken des Dalai Lama im Vordergrund, während die politischen Aspekte zurückgestellt werden.

Bevor ich diese kurze Einführung abschließe, möchte ich noch etwas zu den Herausgabekriterien dieses Buches sagen, insbesondere was die Transkription der Worte des Dalai Lama betrifft. Alle unsere Gespräche fanden auf englisch statt, nur in einigen Fällen wählte Seine Heiligkeit die tibetische Sprache, die sein Sekretär, der bei unseren Begegnungen anwesend war, ins Englische übertrug. Es lag mir sehr daran, die Menschlichkeit, Unmittelbarkeit, Aufrichtigkeit und Reinheit der gesprochenen Sprache des Dalai Lama in der schriftlichen Umsetzung zu erhalten. Deshalb habe ich die editorischen Eingriffe auf ein Minimum reduziert und versucht, die Emotionen, die in der gesprochenen Sprache zum Ausdruck kommen, zu erhalten. So habe ich auch die zahlreichen Wiederholungen, die charakteristisch für sein Sprechen sind, im Text belassen. Der Leser wird also Ausdrücke wie „Sie sehen", „wie soll ich sagen", „offensichtlich" „im Gegenteil" und „grundsätzlich" in Hülle und Fülle vorfinden. Auslassungspunkte im Text kennzeichnen die Redepausen des Dalai Lama. Diese Pausen, die zwischen ihm und seinem Gesprächspartner ein betäubendes Schweigen „explodieren" lassen können, charakterisieren den Dalai Lama besser als tausend Worte. Wenn man mit ihm spricht, hat man immer das Gefühl, daß er seine gesamten Energien auf das Gespräch lenkt und jegliche Anstrengung unternimmt, seine Gedanken in die bestmöglichen Worte zu kleiden. So resultieren die häufigen Pausen aus seinem engagierten Sprechen, gleichzeitig sind sie für seine Kommunikationsweise charakteristisch. Dennoch bin ich mir darüber im klaren, daß es schwierig ist, das intensive Erleben der gesprochenen Sprache auf dem Papier zu fixieren. So wäre ich schon sehr zufrieden, wenn auch die Energien bei den Lesern nur im Ansatz ankommen, die in den Worten des Dalai Lama mitschwingen.

Dank

Selbstverständlich möchte ich Seiner Heiligkeit, dem Dalai Lama danken, der mir im Laufe dieser Jahre so viel von seiner Zeit zur Verfügung gestellt und der Veröffentlichung dieser Interviews in diesem Buch zugestimmt hat. Außerdem möchte ich mich mit besonderer Herzlichkeit und Verbundenheit bei Kasur Tenzin Geshe Tethong und Kungo Kelsang Gyaltsen vom Privatbüro des Dalai Lama bedanken und bei Kungo Tempa Tsering, dem Generalsekretär der Abteilung für Information und internationale Beziehungen der tibetischen Exil-Regierung.

Die Grundlage der Lehre des Buddha: die Vier Edlen Wahrheiten

Eure Heiligkeit, ich möchte Sie bitten, die faszinierende und zugleich vielschichtige Welt des tibetischen Buddhismus darzustellen.

Ich glaube, bevor wir im folgenden die eigentlichen tibetischen Merkmale unserer religiösen Tradition betrachten, möchte ich etwas klarstellen und die Behauptung einiger westlicher Gelehrter zurückweisen, die von „Lamaismus" sprechen, als handele es sich um eine eigenständige Religion. Denn der Buddhismus, der vom 8. Jahrhundert n. Chr. an in Tibet aufblühte, ist der Lehre Buddha Shakyamuni immer treu geblieben. Er hat sie durch die Jahrhunderte hindurch bewahrt und bis zu uns überliefern können. Man sollte tatsächlich nicht einmal von einem tibetischen Buddhismus sprechen.

Also nur vom Buddhismus?

Ja, ich glaube das wäre besser. Auch ohne eine Namensfestlegung entstehen Verwirrungen, die ein wahres Verständnis der Lehre Buddhas behindern können. Sehen Sie, der Kern der buddhistischen Geistigkeit, oder wenn Sie so wollen, der buddhistischen Religion, ist absolut universell, er gehört keinem bestimmten asiatischen Land und keiner besonderen Nation, ja, er ist nicht einmal auf Asien oder auf einen anderen Kontinent beschränkt. Der Sanskrit-Begriff *buddhadharma,* der „Lehre des Buddha" bedeutet, bezeichnet eine ganz universelle Lehre, die sich auf alle Lebewesen dieses Planeten bezieht. Er berücksichtigt uns alle, ganz gleich welcher Kultur oder welchem Land wir angehören. Er ist fundamental und kennt nicht einmal zeitliche Barrieren. Er ist ein spiritueller Pfad, der seit über 2500 Jahren gelehrt wird und nichts von seiner Aktualität eingebüßt hat. Und wissen Sie auch warum?

Bitte sagen Sie es mir, Eure Heiligkeit.

Weil der Buddhismus mit dem Geist der Frauen und Männer, die auf diesem Planeten leben, in direkten Kontakt tritt. Die Mechanismen, nach denen der Geist arbeitet, sind heute grundsätzlich die gleichen wie vor 2000 Jahren, ob hier in Indien oder bei Ihnen in Europa.

Wenn ich es richtig verstanden habe, dann hat sich der Kern der buddhistischen Lehre im Laufe der Jahrtausende nicht verändert, auch nicht, als sich diese religiöse Tradition von Indien ausgehend auf dem ganzen asiatischen Kontinent und heute sogar weit über seine Grenzen hinaus verbreitete.

Richtig! Natürlich sind an den verschiedenen Orten, an denen sich der Buddhismus etabliert hat, auch einige Aspekte der lokalen Kultur einbezogen worden, sie sind, wie soll ich sagen, ... umgewandelt worden. Dabei handelt es sich aber um Elemente, die niemals etwas mit dem Kern der Lehre zu tun hatten. Es ging dabei immer um Äußerlichkeiten, um Ritualformen, um die „Sprache" des Buddhismus. So gibt es zum Beispiel beachtliche Unterschiede in der Art, wie die Mönche sich kleiden und in der Bauweise der Klöster und Tempel, manchmal auch in der Art und Weise, wie die heiligen Texte rezitiert werden, aber, und jetzt wiederhole ich mich, bezogen auf essentielle Gesichtspunkte der Geistigkeit, der Philosophie, der buddhistischen Psychologie, gibt es keine Unterschiede. Was zählt, ist einzig und allein die Lehre des Buddha Shakyamuni.

Würden Sie uns diese Lehre erläutern?

Was fragen Sie mich bloß für einfache Sachen ... in aller Kürze soll ich eine so alte und vielschichtige Tradition erklären ...

ich weiß nicht, ob ich dazu fähig sein werde. Ich weiß auch nicht, ob ich mir da den richtigen Interviewer ausgesucht habe! (Lacht) Aber, Scherz beiseite, ich möchte mit den Vier Edlen Wahrheiten beginnen, die ich als die Grundlage der buddhistischen Lehre definieren würde. Das heißt, die Wahrheit vom Leiden, die Wahrheit von der Entstehung des Leidens, die Wahrheit von der Aufhebung des Leidens und die Wahrheit vom Weg, der zur Aufhebung des Leidens führt. Können Sie mir folgen? Sagen Sie mir, ob meine Art mich auszudrücken für ein Interview geeignet ist, oder ob es zu lehrhaft klingt und ich besser eine einfachere Sprache wählen sollte.

Es ist sehr gut verständlich.

Gut, dann lassen Sie uns fortfahren. Wir sprachen gerade vom Leiden und seinen Ursachen, von der Beendigung der Ursachen und dem Pfad, der zur Beendigung des Leidens führt. Sehen Sie, verschiedene Religionen, zum Beispiel das Christentum, sprechen vom Schmerz im Dasein in einem anderen Sinn als der Buddhismus. Für uns ist das Leiden, wie soll ich sagen, eine Art Krankheit, ... eine Krankheit, die durch eine Reihe von ebenso inneren wie äußeren Ereignissen verursacht wird. Das Problem besteht nun darin zu verstehen, daß wir erkrankt sind ... und etwas nicht mehr „funktioniert", vergleichbar einer physischen Erkrankung. Zuerst mußt du feststellen, daß du krank bist, dann mußt du einen Arzt aufsuchen, der die erforderlichen Analysen durchführt, um zu verstehen, was nicht funktioniert, und schließlich wirst du die geeignete Medizin zu deiner Heilung nehmen können. Und dies ist genau der Prozeß der inneren Einsicht, den Buddha Shakyamuni aufgezeigt hat. In der ersten Edlen Wahrheit geht es um die Entdeckung der Krankheit, um das Leiden, das der menschlichen Existenz eigen ist. Die zweite Edle Wahrheit besagt, daß es nicht ausreicht, nur die Existenz des Leidens festzustellen, sondern daß auch seine Ursachen, Triebfedern und Ursprünge ergründet werden müssen. Die dritte Edle Wahrheit zeigt auf, daß es möglich ist, dem Leiden ein Ende zu setzen. Nachdem man das Leiden identifiziert hat, seine Ursachen erkannt hat, sieht man auch, daß eine Aufhebung des Leidens möglich ist, daß die Fähigkeit zur Heilung der Erkrankung besteht. Und so gelangt man dann schließlich zur vierten Edlen Wahrheit, dem Pfad, der zur Heilung und damit zum Ende des Leidens führt.

Zur Erleuchtung?

Am Ende des inneren Weges, der inneren und geistigen Verwirklichung, gelangt man zur Erleuchtung, dem Zustand der Buddhaschaft. Doch bevor ich davon spreche, möchte ich noch bei den Vier Edlen Wahrheiten bleiben, denn ich möchte Klarheit darüber schaffen, welche Wichtigkeit die Erforschung des Leidens vom buddhistischen Standpunkt aus gewinnt.

Gewiß. Im Westen versteht man oftmals nicht, was mit „Leiden" in der buddhistischen Sprache gemeint ist.

In der buddhistischen Auffassung existieren verschiedene Aspekte des Leidens, die grundsätzlich in dem Leiden des Schmerzes, dem Leiden der Veränderung und dem alldurchdringenden Leiden zusammengefaßt werden. Der erste Leidenstypus stimmt mehr oder weniger mit dem physischen Schmerz überein. Der zweite Aspekt des Leidens, der allgemein das Leiden der Veränderung genannt wird, ist sehr wichtig, denn offenbar scheint es sich hier um das Gegenteil von Leid zu handeln. In der Tat sprechen wir dabei über das Glücklichsein.

Meinen Sie physisches oder geistiges Glücklichsein?

Jede Art von Glücklichsein – physisch, geistig, psychisch. Alles was uns angenehme Gefühle bereitet. Am Anfang scheint dieses Glücklichsein ausgesprochen anziehend zu sein, es bereitet uns große Zufriedenheit. Man schenkt uns etwas, das uns gefällt, wir erhalten vielleicht einen wichtigen Preis ... und schon sind wir glücklich. Manchmal erscheint es uns so, als sei unsere ganze Existenz verändert, aber wenn wir uns dieses Glücklichsein genau anschauen, sehen wir darin den Samen zukünftiger Leiden angelegt. Wir könnten sogar sagen, je intensiver dieses Glücklichsein ist, desto intensiver wird auch das zukünftige Leiden sein.

Insofern wir Angst davor bekommen, diese Quelle des Glücklichseins wieder zu verlieren?

Ja. Unmittelbar nachdem wir das Glücklichsein erlebt haben, fangen die Probleme an. Das Objekt unseres Begehrens zerbricht, und wir verlieren den erreichten *Zustand.* Auch wenn das nicht passiert, so müssen wir dennoch befürchten, daß es passieren könnte. Wir werden zu Paranoikern, was unsere Zukunft betrifft. Unser anfängliches Glück löst Probleme aus, die unser Leben verkomplizieren, anstatt es zu vereinfachen. Wir müssen begreifen, daß es sich um eine *scheinbare* Form von Glücklichsein handelt, wir sind nicht in Kontakt mit einer *innewohnenden* Freude. Wenn es so wäre, daß mehr erlebtes Glück zu mehr Freude führen würde ... – Aber wir haben gesehen, daß dies nicht der Fall ist. Wie Sie bereits sagten, bekommen wir sofort Angst, unsere Quelle der Freude wieder zu verlieren, ... oder sie bricht entzwei, oder wir werden ihrer beraubt, ... oder wir ermüden uns ganz einfach daran, und ein Gefühl von Langeweile und Überdruß tritt an die Stelle unseres anfänglichen Enthusiasmus. Damit ist das Leiden der Veränderung gemeint, weil es gerade die Veränderung ist, die die Natur dieses Leidens evident macht. Abschließend haben wir den dritten Typus von Leiden, das alldurchdringende Leiden, das mit den beiden ersten eng verknüpft ist und, wie soll ich sagen, den Boden bereitet, auf dem erstere fußen. Er stellt die Grundlage aller jetzigen und zukünftigen Leiden dar.

Könnten Sie diesen letzten Punkt weiter erläutern?

Ich werde versuchen, es mit einem Beispiel zu erklären: Nehmen wir an, ein Mensch fügt sich mit einem Messer einen

Schnitt zu. Bei der Feldarbeit verletzt er sich ernsthaft am Arm. Die Verletzung infiziert sich und verursacht fürchterliche Schmerzen. Ein Arzt kommt und versorgt die Wunde mit einer heilenden Salbe. Nach und nach verringert sich der Schmerz, bis er schließlich vollkommen aufhört. Nur wenn der Patient zufälligerweise mit der Wunde gegen etwas anstößt, taucht der akute Schmerz wieder auf. In unserem Beispiel stellt der durch die Verletzung verursachte Schmerz das stoffliche Leiden dar. Die Erleichterung, die die Salbe verschafft, steht für das Leiden der Veränderung. Und schließlich verkörpert die ganze Verletzung das alldurchdringende Leiden. Wenn der Mensch aus unserem Beispiel sich nicht verletzt hätte, wäre der Prozeß, der eine Reihe von Leiden erzeugt hat, nicht in Gang gesetzt worden. Aus diesem letzten Aspekt des Leidens kann man nur heraustreten, indem man dem Kreislauf von Geburt, Tod und Wiedergeburt ein Ende setzt.

Wenn Sie einverstanden sind, Eure Heiligkeit, können wir über das Thema der Reinkarnation etwas später noch sprechen. Jetzt wäre es interessant, den Ursprung der Leiden kennenzulernen.

Ein Diskurs über den Ursprung der Leiden wäre wirklich lang. In aller Kürze können wir sagen, daß die Ursachen der Leiden aus drei negativen Hauptleidenschaften resultieren. Das heißt: aus der Unwissenheit, dem Begehren und dem Haß, die wiederum Quellen vieler weiterer minderer und negativer Leidenschaften sind. All diese geistigen Zustände, in Variationen durchmischt, erzeugen immer Zustände von größtem physischen oder geistigem Leiden und verhindern eine spirituelle Praxis und die Erringung einer authentischen inneren Glückseligkeit.

Die Kenntnis der Vier Edlen Wahrheiten ist demnach also der erste Schritt, um sich auf den langen buddhistischen Pfad zu machen?

Gewiß. Diese Wahrheiten zu kennen und zu vertiefen ist unabdingbar für all diejenigen, die der buddhistischen Lehre folgen wollen, ... aber selbstverständlich reicht das nicht aus ... Damit will ich sagen, daß ein intellektuelles und philosophisches Verstehen dieser Wahrheiten alleine nicht genügt. Wir müssen in die Praxis umsetzen, was von Buddha bejaht wird, und auf dem Pfad vorwärtsgehen, Meditation praktizieren und Zuflucht nehmen.

Könnten Sie uns detaillierter erklären, was man unter „Zuflucht nehmen" versteht?

Wir könnten die „Annahme der Zuflucht" als einen formalen Akt betrachten, durch den man zum Buddhisten wird. Dieser Akt wird von allen Strömungen des Buddhismus anerkannt. Ein Buddhist, ob Frau oder Mann, ist jemand, der Zuflucht genommen hat zu den Drei Kostbarkeiten: *buddha, dharma* und *sangha.* Zuflucht nehmen zu *buddha* bedeutet, das eigene Vertrauen nicht nur in die Lehre des Buddha Shakyamuni zu setzen, sondern auch in jene des geistigen Meisters, der ihn verkörpert. Wenn ein Schüler sich vor einer Buddha-Statue verbeugt, dann erweist er nicht der Figur und dem Werk des historischen Buddha seine Ehrerbietung, sondern auch dem „Prinzip" des Meisters, und durch diese Ehrerbietung verbeugt er sich auch vor allen Meistern, die im Laufe der Jahrhunderte die buddhistische Lehre vermittelt und bewahrt haben. Für einen praktizierenden Buddhisten ist der Buddha ein Lebewesen, das sich vollständig von jeglicher Illusion, von jeglichem Verhaftetsein und jeglicher Unwissenheit befreit hat. Derjenige, der die Erleuchtung erreicht hat, hat die endgültige Weisheit errungen, und durch die Einsicht in die wahre Realität der Phänomene hat er jedwede Finsternis aus seinem Geist beseitigt.

Aber warum verwendet man den Ausdruck „Zuflucht nehmen"?

In diesem Zusammenhang bedeutet „Zuflucht nehmen", daß man die Gültigkeit der buddhistischen Lehre anerkennt und sich ihr anvertraut, um die eigene Erlösung zu erringen. Man glaubt also, die innere Güte der Lehre des Erleuchteten könne dem Übenden helfen und ihn auf seinem langen Erlösungsweg schützen und führen, ein Weg, der nicht immer einfach zu beschreiten ist. Aber kommen wir zurück zum Begriff der „Zuflucht". Nach Buddha nimmt man Zuflucht zum *dharma,* der geistigen Lehre. Unter *dharma* versteht man sowohl die historische Lehre des Buddha Shakyamuni als auch das Gesetz der Lehre. In gewisser Weise könnten wir auch sagen, der *dharma* resultiert aus der Erleuchtung. Denn Buddha hat seine Einsichten, die er durch die Erleuchtung gewonnen hat, nicht für sich behalten; es war vielmehr sein Wille, sie mit der gesamten Menschheit zu teilen. Und dann nimmt man noch Zuflucht zum *sangha,* der Gemeinschaft der Anhänger Buddhas, einer Gemeinschaft, die sich aus Mönchen, Nonnen und praktizierenden Laien zusammensetzt. Wenn man in die Drei Kostbarkeiten *buddha, dharma* und *sangha* Zuflucht nimmt, reinigt man sich von dem negativen Charakter seiner vergangenen Handlungen, die man in dem gegenwärtigen oder in anderen Leben begangen hat, und das Streben nach innerer Verwandlung, nach Erreichung der Erleuchtung ist beträchtlich erhöht.

Und wie nimmt man Zuflucht?

Man nimmt Zuflucht im Laufe einer dafür vorgesehenen Zeremonie, in der ein Meister, durch eine Reihe von Ritualen den Schüler in die Gemeinschaft der Übenden aufnimmt. Nachdem er ihm symbolisch ein Büschel Haare abgeschnitten hat, verleiht er ihm einen neuen Namen. Diese Handlungen markieren auch nach außen die Verwandlung der Person, die sich dafür entschieden hat, zu den Drei Kostbarkeiten Zuflucht zu nehmen.

Diese Zeremonie läßt mich auf ein weiteres wichtiges Thema kommen, nämlich die Notwendigkeit eines geistigen Lehrers, eines Meisters, oder mit dem tibetischen Ausdruck gesprochen, eines lama.

Gewiß, die Führung durch einen qualifizierten Meister, durch einen *lama*, ist für ein Weiterkommen auf dem langen spirituellen Weg absolut notwendig. Die Vermittlung der Lehre und der dazugehörige Unterricht durch einen qualifizierten *lama* sind unersetzlich. Denn er hat als das letzte Glied in einer ununterbrochenen Reihe spiritueller Meister direkte Erfahrung von dem, was er lehrt. Die Geschichte des *buddhadharma* in Indien und Tibet ist voller Beispiele von Meistern, die Erleuchtung erlangt haben. Wie wichtig es ist, einen qualifizierten Meister zu haben, darf nicht unterschätzt werden. Denn auf unserem spirituellen Weg können wir nur dann lohnende Resultate erlangen, wenn wir unter der Führung eines *lama* lernen und praktizieren, dessen Erfahrungen, die er seinen Schülern lehren und vermitteln sollte, authentisch sind. Bevor man sich jedoch einen Lehrer als *lama* auswählt, muß man ihn sorgfältig prüfen, um festzustellen, ob er auch wirklich qualifiziert ist und die erforderlichen Eigenschaften zur Führung und Lehre besitzt.

Das scheint keine leichte Wahl zu sein ...

Nein, das ist keine einfache Angelegenheit. In einigen alten Texten kann man nachlesen, daß bis zu zehn Jahre notwendig sein können, um einen Meister zu prüfen, bevor man ihn dann als wirklichen *guru* auswählt. Dabei ist es unentbehrlich, die Person gut zu kennen, die unser *lama* werden wird, denn später wird dieser Lama eine Inspirationsquelle unserer Handlungen sein und ein Vorbild, dem wir folgen sollten. Haben wir einmal eine Person zu unserem *guru* erwählt, dann müssen wir ihr gegenüber tiefe Verehrung und Vertrauen zum Ausdruck bringen, ihren Ratschlägen und Anweisungen folgen.

Auch wenn sie uns nicht richtig erscheinen?

Wenn wir uns einer Person anvertrauen, ... wenn wir diese Person als unseren Lehrer ausgewählt haben, dann müssen wir akzeptieren, das zu tun, was sie uns sagt. Deshalb ist eine richtige Wahl des *lama* so entscheidend. Es ist wichtig, seinen Ratschlägen zu folgen und genau das in Handlungen umzusetzen, worum er uns bittet.

Eure Heiligkeit, Sie sprechen sicherlich nicht von blindem Gehorsam?

Gewiß nicht, selbst Buddha Shakyamuni warnte seine ersten Schüler vor den Risiken blinder Hörigkeit. Er riet ihnen, seine Lehre nur nach eingehender Betrachtung anzunehmen ... Sie sollten seine Lehre mit der gleichen Aufmerksamkeit prüfen, wie der Goldschmied das Gold prüft, das ihm angeboten wird: Nicht die Worte des Verkäufers sind beim Kauf ausschlaggebend, sondern es geht vielmehr darum, das Gold sorgfältig selbst zu schätzen. Nun, um Ihre Frage zu beantworten: Die Schüler eines *lamas* haben das volle Recht, sich seinem Willen zu verweigern, wenn dieser Handlungen von ihnen verlangt, die im Widerspruch zum *dharma* stehen, oder wenn diese Handlungen von den Schülern selbst als negativ betrachtet werden. Aber es ist naheliegend, daß ein authentischer, spiritueller Meister niemals seine Schüler um Handlungen dieser Art bittet, und der Fall, den wir gerade konstruiert haben, scheint mir eher theoretisch zu sein.

Was sind die Hauptkriterien, die ein qualifizierter lama *erfüllen müßte?*

Ein wichtiger Gesichtspunkt ist, daß er wirklich die Lehre lebt, die er vermittelt. Er darf sich nicht auf ein rein theoretisches Wissen der buddhistischen Lehre beschränken, ... er darf nicht nur ein kenntnisreicher Intellektueller sein, dem der Praxisbezug fehlt. Im Gegenteil, ein qualifizierter *lama* muß die erhaltenen Lehren in Handlungen umsetzen können. Er muß die Inspiration der Lehre nicht nur durch Worte, sondern durch sein Verhalten und sein Dasein vermitteln. Ich habe wirklich viele *lamas* dieser Art, wahre buddhistische Meister, kennengelernt. Die konkreten Handlungen eines Lehrers sind wichtig, ... sein authentisches Mitgefühl, seine echte Freundlichkeit ... Ich glaube, ein qualifizierter *lama* kann durch sein Dasein genauso viel lehren, wie durch die Vermittlung heiliger Schriften. Auch seine Erkenntnis, seine Kenntnis der Lehrunterweisungen, seine Bildung und seine Erfahrung sind sicherlich sehr wichtig, aber alle diese Qualitäten müssen sich in seinen Handlungen und in seinem täglichen Verhalten bewahrheiten. Ich hüte mich davor, von den Meistern zu verlangen, sie müßten ihren Schülern zermürbende Prüfungen abverlangen. Andererseits müssen Schüler einen *lama* nicht erst vor Gericht stellen, bevor sie ihn für sich wählen! (Lacht) Was wir hingegen tun müssen, ist unsere Intuition, unseren „Sechsten Sinn", zu entwickeln, bevor wir eine Wahl treffen.

Es könnte außerdem sein, daß wir mit einem *lama* nicht zurechtkommen, obwohl er ein ausgezeichneter, mitfühlender und gebildeter Lehrer ist. Das mag vielleicht damit zusammenhängen, daß unser Bedürfnis, uns der Lehre anzunähern, ein anderes ist, als das seine. Vielleicht, weil unsere Voraussetzungen uns in eine andere Richtung tragen, hin zu einer anderen Sprache (einer anderen Schule oder spirituellen Strömung). Die Wahl eines *guru* ist also eine wichtige Sache, bei der es besser ist zu warten ... und Zeit verstreichen zu lassen, um dann die richtige Wahl zu treffen. Und wenn die richtige Wahl getroffen wird, dann wird die Begegnung mit dem eigenen *lama* eine der wichtigsten Erfahrungen im ganzen Leben sein. Ein authentischer Meister ist fähig, seinen Schülern den Kern der Lehre zu vermitteln, er vermag ihre besten Anlagen zu erwecken und versetzt sie in die Lage, den Pfad entlang zu schreiten. So bereitet er sie auf den großen Moment der endgültigen Erlösung vor. Ein solcher Meister muß genauso respektiert werden wie Buddha Shakyamuni, ... er muß als die Verkörperung aller Buddha angesehen werden ... Ein solcher *lama* wird die Quelle einer tiefen und andauernden Inspiration sein, der unser Dasein völlig verändern kann.

Jemand hat einmal behauptet, man könne durch besondere Träume mit dem eigenen Meister in Kontakt treten. Ist das wahr? In einigen Fällen sei sogar dem Schüler die Lehre des Meisters durch einen Traum vermittelt worden.

Die Träume im allgemeinen, die normalen Träume beinhalten keine besondere Wahrheit. Aber es scheint Träume zu geben, durch die man einige innere Aspekte verstehen kann, die sich durch den Verstand alleine nicht erklären lassen. Aber dies sind wirklich besondere Träume, ... wahrscheinlich wiederkehrende Träume, die sich in einer bestimmten Kontinuität wiederholen. Gewöhnlich tauchen diese Träume nicht sofort nach dem Einschlafen auf, sondern erst in den frühen Morgenstunden. Wenn man wirklich diese Träume und ihre Sprache verstehen und begreifen will, was sie uns sagen wollen, und wenn man ihre tieferen Schichten entdecken will, dann kann man die Hilfe bestimmter Yogatechniken in Anspruch nehmen.

Wenn also jemand diese Art wiederkehrender Träume hat, in denen ein bestimmter Meister erscheint, könnte man dann sagen, daß der Träumer eine besondere Verbindung zu dieser Person hat?

Im Prinzip könnte das so sein ... Sehen Sie, unser Bewußtsein erreicht während des Schlafes, wenn wir träumen, eine viel subtilere Ebene als vergleichsweise im normalen Wachzustand. Dieser Zustand ermöglicht es uns, Aspekte wahrzunehmen, die sich uns auf der rationalen Bewußtseinsebene entziehen. Durch bestimmte Träume könnten wir also erfahren, ob wir besondere Verbindungen haben, wie Sie sagten, ... die vielleicht aus Begegnungen resultieren, die wir in vorhergehenden Existenzen hatten.

Das Leiden überwinden: Dharma, Mitgefühl und Meditation

Könnten wir uns, bevor wir fortfahren, noch einige Minuten mit der Bedeutung des Begriffes dharma *im Buddhismus beschäftigen?*

Sicherlich ... Sehen Sie, um den Buddhismus zu verstehen, muß man begreifen, was Buddha meinte, als er davon sprach, daß es die Aufgabe aller Menschen sei, sich von der Unwissenheit zu befreien und den Weg zu finden, der zur Erlösung führt; jedes Lebewesen wünscht sich Glück und flüchtet vor dem Leiden. Der Wunsch nach Glück ist wahrhaftig allen Menschen gemeinsam, Gebildeten wie Ungebildeten, Asiaten wie Europäern, Männern wie Frauen. Aber als wir über die Vier Edlen Wahrheiten sprachen, haben wir gesehen, wie die Menschen statt dessen im Leid leben, hauptsächlich aufgrund negativer Leidenschaften. Wenn wir also unsere Lebensqualität verbessern wollen, müssen wir die Ursachen unserer Leiden entdecken. Nachdem wir sie verstanden haben, müssen wir versuchen, sie zu überwinden. Der *dharma* ist der Pfad, der zu ihrer Überwindung führt. Wie Sie wohl verstehen, ist das Konzept des *dharma* essentiell für den Buddhismus. Wenn wir dem *dharma* nicht folgen, wird es uns nicht gelingen, uns vom Leiden zu befreien. Indem wir unser Dasein in Einklang mit dem *dharma* bringen, werden wir den Wert unserer gegenwärtigen und zukünftigen Leben steigern.

Bezieht sich der Begriff dharma *nur auf den Buddhismus oder auch allgemein auf den spirituellen Weg?*

Buddhismus ist ein Begriff, der vom Westen geprägt wurde. Wir hingegen sagen, um auf den Pfad des Buddha zu verweisen, *buddhadharma*. Wir glauben, daß verschiedene *dharma* existieren, die alle, sofern sie richtig praktiziert werden, zur Erlösung von Leiden führen. Selbstverständlich kann ich als buddhistischer Mönch nur vom *buddhadharma* sprechen, aber ich glaube, wir werden diesen Punkt vertiefen können, wenn wir von den Beziehungen zwischen dem Buddhismus und anderen Religionen sprechen. Kehren wir an dieser Stelle also zu dem Begriff *buddhadharma* zurück. Wir können sagen, sein Kern, seine Quintessenz, liegt darin, daß er dem Menschen die Fähigkeiten zuspricht, die Ursachen seiner Leiden zu erkennen und sie durch geeignete Techniken zu überwinden.

Somit liegt also der Akzent auf der persönlichen Verantwortung des Individuums, oder mit anderen Worten, wir können behaupten, daß der Mensch für seine eigene Erlösung *alleine verantwortlich ist. Niemand wird jemand anderen befreien können.*

So ist es. Jeder ist für seine eigene Erlösung verantwortlich, und niemand wird sich anstelle eines anderen befreien können. Auch Buddha und die großen Meister können den Pfad lediglich lehren, sie können eine Quelle der Inspiration sein, und sie können dem Praktizierenden helfen. Aber letzten Endes wird er es selbst sein, der bis zum Ende des Weges gehen muß, der zur Erlösung führt. Um es zeitgemäß auszudrücken, könnten wir auch sagen, daß die Botschaft des Buddhismus eine Botschaft der Erlösung ist, die den Akzent auf die Verantwortung des einzelnen legt und dabei sein enormes Potential an Intelligenz und Einsicht miteinbezieht.

Wenn man nun bedenkt, daß vor allem im Westen manche den Buddhismus für eine pessimistische Religion halten …

Das ist ein vollkommen falsches Vorurteil. Vielleicht hat der Diskurs über das Leiden und über den Schmerz der menschlichen Seinsweise diese Mißverständnisse hervorgerufen. Man muß vielmehr den Buddhismus als eine Religion begreifen, die volles Vertrauen in den Menschen setzt. Wir meinen sogar, daß die innere Erlösung nicht nur möglich ist, sondern, wie ich schon früher gesagt habe, darüber hinaus das wahre Ziel des Menschen verkörpert. Es gibt absolut nichts „Pessimistisches" in der spirituellen Vorstellungswelt des Buddhismus, genauso wenig wie wir sie als „optimistisch" bezeichnen könnten. Der Buddhismus versucht die Bedingungen des menschlichen Daseins zu analysieren. Er versucht sie so zu verstehen, „wie sie sind", denn nur durch eine wirkliche Analyse können die Bedingungen besser verstanden und schließlich modifiziert werden.

Also sprechen wir von einer sehr konkreten spirituellen Praxis, die viel stärker auf wirklichen Erfahrungen als auf abstrakten Dogmen oder religiösen Ideologien fußt.

Die konkrete, wirklich erfaßbare Erfahrung ist sicher die Grundlage der buddhistischen Vorstellungswelt. Wir müssen in der Lage sein, uns selbst und der Welt, die uns umgibt, ohne Filter zu begegnen, sie ohne Projektionen zu verstehen, die aus unseren Wünschen und Ängsten resultieren. Dies ist die Basis, gleichsam das Fundament, um uns von Unwissenheit, Vorurteilen und falschen Ideen erlösen zu können. Der Buddhismus ist eine Religion, die sehr konkret an das tatsächliche Verständnis der Dinge gekoppelt ist.

Ein anderer Gesichtspunkt des Buddhismus, der im Westen häufig nicht richtig verstanden wird, bezieht sich auf das karma, *oder besser gesagt auf das „Gesetz des karma".*

Das Gesetz des *karma* ist, aus einem bestimmten Blickwinkel heraus betrachtet, sehr einfach zu erklären, ohne daß dabei Mißverständnisse entstehen müssen. Freuden und Leiden resultieren aus vorausgehenden Handlungen. Wenn man sich richtig verhält, wendet sich alles zum Guten, muß man hingegen ein fehlerhaftes Verhalten verantworten, wendet sich alles zum Schlechten. Diese sehr elementare Erklärung wird von der Mehrheit der einfachen Menschen in den buddhistischen Ländern akzeptiert. Wenn wir uns jetzt diesen Sachverhalt genauer anschauen, sehen wir, wie das Gesetz des *karma* mit dem Prinzip von Aktion und Reaktion in der Physik verglichen werden kann. Auf dem Gebiet der Wissenschaft kann jede Reaktion auf eine Ursache zurückgeführt werden, etwas anderes wäre nicht einmal hypothetisch denkbar. Jede Reaktion steht in einem proportionalen Verhältnis zur Aktion, durch die sie hervorgebracht wurde. Indem wir also die Ursachen kennenlernen und analysieren, können wir ungefähr die Reaktionen und ihr Ausmaß vorherbestimmen, mit der Konsequenz, daß wir versuchen werden einzugreifen und die Ergebnisse zu modifizieren. Das Gesetz des *karma* wirkt analog, und der *dharma* ermöglicht es den Praktizierenden, die negativen Folgen ihrer vorhergehenden Existenzen zu mildern oder gar zu beseitigen. Bleiben wir noch einen Moment bei dem Vergleich mit der Wissenschaft. Wie oft bemühen sich Wissenschaftler um eine Minimierung der Schäden, die andere Wissenschaftler vor ihnen verursacht haben? Nehmen wir als Beispiel die Umweltverschmutzung. Es steht außer Frage, daß der wissenschaftliche Fortschritt außer einer Reihe positiver materieller Veränderungen leider auch eine besorgniserregende Zunahme der Verschmutzung dieses Planeten mitverursacht hat. Nach Aussage verschiedener Wissenschafter ist das Leben auf dieser Erde ernsthaft gefährdet. Im Jahre 1992 habe ich an der Umweltkonferenz in Rio teilgenommen. Ich konnte dort mit zahlreichen Ökologen Kontakt aufnehmen und mir ihre Berichte anhören. Einige dieser Berichte gaben ein geradezu erschreckendes Bild von den Umweltbedingungen in verschiedenen Erdteilen ab. Oberflächlich betrachtet, könnten wir sagen, die Wissenschaft samt ihrer Wissenschaftler ist für die Umweltverschmutzung verantwortlich. Gleichzeitig müssen wir einräumen, daß diese Umweltschäden nur durch andere Wissenschaftler und andere wissenschaftliche Verfahren beseitigt werden können. Auf der einen Seite ist also der wissenschaftliche Fortschritt für die Verschmutzung verantwortlich, auf der anderen Seite können Verbesserungen nur mit Hilfe wissenschaftlicher Erfindungen erzielt werden. Vereinfacht dargestellt: Es gibt Fabriken, die die Umwelt verschmutzen, und es gibt andere Fabriken, deren Produkte die Umweltverschmutzung der anderen Fabriken bekämpfen sollen.

Das karma *funktioniert mehr oder weniger auf die gleiche Weise?*

Mehr oder weniger. Durch unsere vergangenen Handlungen haben wir bestimmte Wirkungen ausgelöst, durch unsere gegenwärtigen Handlungen modifizieren wir die Auswirkungen unserer vergangenen Handlungen und schaffen die Voraussetzungen für unsere zukünftigen Handlungen. Der Gegenstand bleibt immer der gleiche: Es geht um unsere Handlungen. Tatsächlich bedeutet der Begriff *karma* „Handlung". Nach Auffassung des Buddhismus unterteilt man die Handlungen in Handlungen des Körpers, der Rede und des Geistes, und im Hinblick auf ihre Konsequenzen unterteilen wir sie in tugendhafte, nicht-tugendhafte und neutrale Handlungen. Das *karma* wird also durch ein Agens, durch ein Lebewesen hervorgebracht. Wir schaffen das *karma* kontinuierlich durch unsere Handlungen, ... irgendeine Form des *karma.* Neben der Handlung ist die Motivation, mit der eine Handlung ausgeführt wird, von großer Bedeutung. Dies ist ein wichtiger Aspekt, der verstanden werden muß.

Inwiefern?

Die Motivation liegt den Handlungen fundamental zugrunde und sie bestimmt, ob die Handlungen positive oder negative Wirkungen nach sich ziehen werden.

Eure Heiligkeit, meinen Sie damit, daß ein und dieselbe Handlung *als positiv bzw. negativ erachtet wird, je nachdem welche Art von Motivation ihr vorausgeht?*

Genau das meine ich, und ich werde es Ihnen in einem Beispiel verdeutlichen. Wir befinden uns gerade in einem Gespräch. Sie sind von weit hergekommen, um meine Ansichten zu verschiedenen Themenkomplexen kennenzulernen. Das Interview, das Sie gerade mit mir durchführen, wird wahrscheinlich von vielen Personen gelesen werden, und mein Bekanntheitsgrad wird sich dadurch vergrößern. Also, ich unterhalte mich mit Ihnen; ... währenddessen könnte ich zwei verschiedene geistige Haltungen einnehmen. Wenn meine Worte von dem Wunsch inspiriert sind, mit anderen Menschen in Kontakt zu treten, die Welt mit der buddhistischen Tradition vertraut zu machen, ... wenn meine Worte inspiriert sind durch die Liebe für meine Brüder und Schwestern, mit denen ich diese menschliche Existenz teile ... wenn all dies zutrifft, werde ich eine bestimmte Wirkung erzielen. Wir könnten sagen, meine Ausführungen sind auf der Grundlage meiner Motivationen positiv, sie basieren auf Nächstenliebe und deshalb werden die Früchte dieser Handlung positiv sein. Aber es könnte auch anders sein. Mein Gespräch mit Ihnen könnte eine andere Motivation haben. Ich könnte mir etwas darauf einbilden, in ein Mikrofon zu sprechen, ... ich könnte an all diejenigen denken, die meine Meinung kennenlernen werden, ich könnte mich einzig und allein darstellen, um meiner Egozentrik zu frönen. Vielleicht wird jemand aus dem, was ich sage, in diesem zweiten Fall, etwas Gutes für sich herausziehen können. Aber für mich, für meinen Geist, für mein *karma* wird es sich um eine negative Handlung handeln, die negative Auswirkungen auf meine Zukunft haben wird. Eine schlechte Motivation wird in jedem Fall ihre negativen Spuren in meinem Geist hinterlassen, auch wenn die Handlung selbst positive Wirkungen auf meine Zuhörer haben wird. Aus diesem Grund ist die Motivation so entscheidend. Und gleiches gilt auch umgekehrt, wenn ich eine scheinbar negative Handlung ausführe, meine Motivation aber rein und durch Nächstenliebe inspiriert ist, dann werden die Früchte meiner Handlungen positiv sein.

Können Sie diesen letzten Fall mit einem Beispiel unterlegen?

Nehmen wir an, ein Mann, der eine Straße entlang geht, sieht eine Gruppe von Personen, die gerade im Begriff ist, Gewalt gegenüber jemanden auszuüben, der sich nicht wehren kann oder nicht fliehen kann – ein alter Mensch, eine Frau, ein Kind. In diesem Fall müßte der Mann körperlich einschreiten, um der schutzlosen Person zu helfen, seine Motivation wäre absolut rein. Auch wenn er eine gewalttätige Handlung ausüben würde, wären die karmischen Wirkungen für ihn positiv. Offensichtlich ist es sehr schwierig, eine reine Motivation während einer negativen Handlung zu bewahren. Um so etwas aushalten zu können, muß man ein ausgesprochen hohes Maß an Selbstkontrolle besitzen. Natürlich hat das Beispiel seine Grenzen, aber ich glaube, es hat ausgereicht, um zu erklären, wie wichtig es ist zu verstehen, welche Motivationen die Grundlage unseres Verhaltens bilden. Wenn wir jetzt zu dem Gesetz des *karma* zurückkehren wollten, müßte ich über die verschiedenen Aspekte seines Wirkens sprechen, die verschiedenen Arten der Daseinsbereiche, in denen man wiedergeboren werden kann, die verschiedenen Arten von Lebewesen, die durch den Daseinskreislauf wandern, aber diese Sachverhalte sind so komplex, daß ich ihre Leser an dieser Stelle lieber auf die entsprechende Literatur verweisen möchte, in der diese Themen detailliert abgehandelt werden.

Fahren wir fort, indem wir beim Spektrum des alltäglichen Lebens bleiben ...

Sehen Sie, wir haben zum Teil schon davon gesprochen. Nach der Lehre Buddhas ist jeder sein eigener Meister. Letzten Endes hängt alles von unseren Handlungen ab, davon, wie wir uns in unseren vorangegangenen Leben verhalten haben und wie wir uns in unserer Gegenwart betragen. Die Lehre Buddhas kann aber auch im Hinblick auf, wie soll ich sagen ... soziale Phänomene sehr hilfreich sein. Denn wenn wir das Gesetz des *karma* wirklich verstanden haben, dann werden wir natürlich versuchen, negative Handlungen zu vermeiden; wenn wir gleichsam auch keine positiven Handlungen vollbringen, so können wir uns wenigstens auf neutrale Handlungen beschränken. Ich sage immer, wenn wir auch nicht in der Lage sind Gutes zu tun, dann sollten wir uns wenigstens enthalten, Böses zu tun. Eine Grundhaltung wie diese, praktiziert in großem Umfang, würde dem Staat Kosteneinsparungen im Polizeiapparat bringen! (Lacht) Aber Spaß beiseite – dies ist ein Gedanke, der weiterer Betrachtungen wert ist, denn die einzige Form von Kontrolle, die in einer Gesellschaft auf Dauer funktionieren kann, basiert auf Selbstdisziplin und Selbstkontrolle und auf dem Verantwortungsgefühl uns selbst und unseren Mitmenschen gegenüber. Kein von außen auferlegtes Diktat, nicht einmal das grausamste und schrecklichste, wird die Stabilität einer Gesellschaft sichern können, wie die geregelten Verhaltensweisen, die einer verantwortungsbewußten Selbstdisziplin entspringen, gegründet auf Erkenntnis und Mitgefühl.

Mitgefühl ... hier kommen wir nun zu einem anderen kardinalen Grundbegriff im Buddhismus.

Ja, vor allem in der Mahayana-Tradition, ... aber bevor ich über das Mitgefühl sprechen werde, sollte ich vielleicht erklären, wie der Buddhismus in eine Reihe von Schulen und Strömungen unterteilt ist. Dabei werde ich mich bemühen, einfach und verständlich zu bleiben. Grundgedanke der Lehre Buddhas ist, daß alle Phänomene unbeständig, leer und frei von einem selbst sind. Dieser Grundgedanke ist allen buddhistischen Schulen gemein. Als man aber den Diskurs über das Fehlen eines Ichs und über die Leerheit zu vertiefen begann, sind Differenzen aufgetreten, die zur Gründung von vier Hauptschulen führten, die intern über eine gemeinsame Begriffswelt verfügen, aber in bestimmten Sachverhalten leicht variieren. Diese vier Schulen heißen: Vaibhaiska, Sautrantika, Cittamatra und Madhyamika. Auf die letztgenannte Schule, die sich noch in Svatantrika und Prasangika unterteilt, bezieht sich mehrheitlich der in Tibet verbreitete Buddhismus. Neben dieser Einteilung in vier Schulen ist der Buddhismus zusätzlich in drei große *yana* (Fahrzeuge) unterteilt.

Hinayana, Mahayana und Tantrayana …

Genau, … Buddha Shakyamuni hat während seiner Existenz die Lehren in unterschiedlicher Form erteilt und sich dabei auf die Personen eingestellt, denen er jeweils Lehren unterbreitete. Dabei versuchte er, die Reife und geistige Entwicklung seiner Zuhörer zu erfassen, um auf dieser Grundlage zu lehren. Der Kern der Lehre blieb sich selbstverständlich gleich, lediglich die Modalitäten änderten sich. Wir finden diese verschiedenen Stufen in etwa in den drei großen Unterteilungen des Kleinen Fahrzeugs (Hinayana), des Großen Fahrzeugs (Mahayana) und in dem Fahrzeug des *tantra* (Tantrayana oder Vajrayana) wieder. Das Kleine Fahrzeug konzentriert seine Aufmerksamkeit in der Meditation auf einen einzigen Punkt, auf die innere Disziplin und auf die Suche nach der individuellen Erlösung. Sein Ideal ist der *arahat,* der Heilige, der an einem von der Welt abgekehrten Ort meditiert und so die eigene Erleuchtung erlangt. Das Große Fahrzeug hält sowohl unsere eigene Erlösung als auch die Erlösung aller Lebewesen für sehr wichtig. Die Motivation für die Praxis der Mahayana-Anhänger ist vollkommen altruistisch ausgerichtet. Man bittet nicht nur um Inspiration für die eigene Erlösung, sondern auch für die aller anderen Wesen. Ideal des Großen Fahrzeugs ist der *bodhisattva,* der seine eigene Erleuchtung verweigert und auf der Erde bleibt, um mit der Kraft seiner Weisheit und mit seinem Beispiel allen Wesen zu helfen …, um allen den Weg zu lehren, der zur Erlösung aller führt. Ausübende dieses zweiten Fahrzeugs müssen erst eine gewisse Anzahl von Reinkarnationen erleben, bevor sie die Erleuchtung erringen können. Durch die Übung des *tantra* hingegen kann man sich im Verlauf einer einzigen Existenz erlösen.

Könnten Sie das näher erklären?

Dieses letztgenannte Fahrzeug bedient sich einer sehr direkten und starken meditativen Technik, so daß der Übende des *tantra* besonderer Vorbereitungen bedarf, um die dabei entstehenden großen psychischen Energien vollkommen zu beherrschen. Aber wir sollten versuchen, etwas mehr Ordnung in diese Überblicksdarstellung zu bekommen, bevor es völlig konfus wird. Alle Schulen und buddhistischen Wege akzeptieren die vier Prinzipien, die im allgemeinen unter dem Namen der vier Siegel bekannt sind: Alle Phänomene sind unbeständig (1). Alle befleckten Dinge und Ereignisse führen nicht zur Zufriedenheit (2). Alle Phänomene sind leer und ohne Selbst (3). Nur die Erlangung des *nirvana* wird den wahren Frieden bringen (4). Wie ich sagte, diese vier Prinzipien werden von allen Buddhisten bestätigt, und sie dienen dazu, festzulegen, ob sich eine religiöse Schule oder eine philosophische Richtung als buddhistisch ausweisen kann oder nicht. Von diesen Allgemeinheiten einmal abgesehen hat Buddha verschiedene Typen der Lehrunterweisung entwickelt, man spricht traditionellerweise von der Dreifachen Umdrehung des Rades der Lehre. Das erste Mal hat Buddha das Rad der Lehre im Wald von Sarnath gedreht, in einer Gegend, die an das heutige Benares angrenzt. Nachdem Buddha Shakyamuni die Erleuchtung erlangte und neunundvierzig Tage lang das Schweigen übte, legte er die Vier Edlen Wahrheiten einer Gruppe von fünf Asketen dar, die ihn auf seiner Suche des spirituellen Pfades begleitet hatten. Die erste Umdrehung des Rades der Lehre, deren Inhalt wir bereits angedeutet hatten, als wir über die Vier Edlen Wahrheiten sprachen, ist besonders mit der Darstellung des Leidens verbunden, mit den Methoden zu seiner Überwindung und mit den besonderen Formen von Disziplin und Moral, die ein Praktizierender des Buddhismus besitzen sollte. Die *sutra,* die gesammelten Lehrreden des Buddha Shakyamuni, an diese Lehrstufe geknüpft, formen ein allgemeines Bild des *buddhadharma,* in dessen Mittelpunkt die siebenunddreißig Erleuchtungsglieder stehen, die siebenunddreißig notwendigen Aspekte, die zur Erleuchtung führen. Es handelt sich hierbei um eine Reihe von Normen für die buddhistische Praxis, die in sieben Kategorien unterteilt werden. Am bekanntesten dürfte vielleicht die letzte Kategorie sein, der Achtfache Pfad, der im Kern beschreibt, wie ein Übender sich zu verhalten hat: vollkommene Erkenntnis, vollkommener Entschluß, vollkommenes Handeln, vollkommener Lebenserwerb, vollkommene Anstrengung, vollkommene Achtsamkeit, vollkommene Sammlung.

Dieser letztgenannte Punkt bezieht sich auf die Meditation?

Ja, es betrifft die Meditationspraxis, die, wie Sie sicherlich wissen, der buddhistischen Erfahrungsweise fundamental zu Grunde liegt. Wenn wir von der Meditation sprechen, dann beziehen wir uns in der Regel auf zwei verschiedene Aspekte dieser Praxis: einerseits auf die Meditation, die auf einen Punkt ausgerichtet ist, die meditative Konzentration, und andererseits auf die analytische Meditation. Die erste ist auf eine geistige Ruhe, auf ein inneres Loslassen ausgerichtet und auf alle anderen geistigen Zustände dieser Art. Die zweite hingegen konzentriert sich, wie ihr Name bereits sagt, auf die psychologisch und philosophisch tiefgreifende Analyse eines bestimmten Gegenstandes. Sie zielt darauf ab, seine innerste Essenz und Funktionsweise vollständig zu begreifen. Wenn wir die Unterteilung in die Drei Fahrzeuge in diese Ausführungen miteinbeziehen, so können wir sagen, Hinayana steht mit der Ersten Drehung des Rades der Lehre und mit der Auslegung der Vier Edlen Wahrheiten in einem besonderen Zusammenhang. Mahayana ist an die Zweite Drehung des Rades der Lehre geknüpft, die Buddha in einer Gegend lehrte, die als Geierberg bekannt ist, einer Hügellandschaft, die sich in der Nähe von Rajghir befindet, in dem heutigen indischen Bundesstaat von Bihar. Hier widmete sich Buddha dem Thema der Merkmallosigkeit aller Phänomene – dem Thema der Leere – vielleicht einer der am schwierigsten zu verstehenden Aspekte im buddhistischen Lehrsystem. Wir könnten von diesen Ausführungen Buddhas sagen, daß sie den Horizont buddhistischer Erkenntnisse enorm erweitert und vertieft haben. Die *sutra,* die diesen Lehrzyklus vereinigen, behandeln mit großer Präzision die Themen der Unwissenheit, des Verhaftetseins, des Aufhebens der Leiden und die Pfade, die zur Aufhebung der Leiden führen. Die besondere Bedeutung des Mitgefühls in allen existenten Lebensformen rückt in den Vordergrund, ... der Altruismus im edelsten Sinn seines Begriffes. Das Phänomen der Leere wird in einer wirklich außergewöhnlichen Tiefe und Genauigkeit analysiert.

Könnte man korrekterweise behaupten, daß sich der Buddhismus mit der Lehrrede am Geierberg weiterentwickelt und Fortschritte gemacht hat?

Wenn Sie mit Weiterentwicklung die Fähigkeit meinen, Fortschritte auf dem Pfad zu machen ... Mit der ersten Darlegung der Vier Edlen Wahrheiten hat Buddha in allgemeinen Begriffen die verschiedenen Charakteristika seines spirituellen Weges, des *dharma* erklärt; diese Lehrrede ist durchaus komplex, aber im gewissen Sinne für alle gut nachvollziehbar. Mit der Zweiten Drehung des Rades der Lehre vollzieht sich das, was Sie einen Fortschritt nannten, der Horizont erweitert sich ... So geht beispielsweise das Ideal des *arahat* über in das Ideal des *bodhisattva.* Es geht jetzt nicht mehr alleine um die eigene Erleuchtung, ... um die individuelle Erlösung, sondern es geht um die Erlösung aller fühlender Wesen, und das Konzept der Leere ist bis in seine Tiefe erforscht und erklärt, so wie sich die Kenntnisse über das „Entstehen in Abhängigkeit" entwickelt haben. Wir können gewiß von Fortschritten sprechen: nachdem die Grundlagen der spirituellen Praxis entwickelt wurden und durch den Achtfachen Pfad Motivation und Übungsweisen gestärkt werden, erweitert der Übende seinen Horizont ... und seine Praktiken. Deshalb nennt man das Fahrzeug, das an die Zweite Drehung des Rades der Lehre gebunden ist, Mahayana, was soviel heißt wie Großes Fahrzeug.

Der Übende muß sich somit zuerst durch die Praktiken des Hinayana bilden, bevor er, wie soll ich sagen, den Weiten und Tiefen des Mahayana entgegentreten kann?

Das ist absolut richtig, ... man kann nicht in die Weite des Großen Fahrzeuges eintauchen, ohne zuvor die Lehre des

Hinayana befolgt zu haben, ... das muß klar und deutlich sein.

Und dann gibt es eine Dritte Drehung des Rades der Lehre ...

Ja, in den entsprechenden Lehrreden hat Buddha viele verschiedene Themen angeschnitten. Das wichtigste Thema unter ihnen ist das, welches sich auf unsere Buddha-Natur bezieht – das in uns wohnende Potential, Buddha zu werden. Darüber hinaus gibt es zahlreiche Lehrreden über höhere Meditationstechniken – Meditationen, die Weisheit dadurch entwickeln, daß sie die Essenz der Leerheit ansprechen. Gerade in bezug auf die Leerheit ist die Dritte Drehung des Rades der Lehre von besonderer Bedeutung. Viele Praktizierende tun sich schwer damit, die Erklärung der Leerheit in ihrer Radikalität zu verstehen, so wie sie in der Zweiten Drehung des Rades der Lehre enthalten ist ... Einige könnten den Verirrungen eines Nihilismus auferliegen ... Die Behauptung, alle Phänomene besitzen keine eigene Entität, haben viele damit gleichgesetzt, eine Realität der Phänomene würde im Buddhismus verneint. Der Begriff der Leerheit, *shunyata,* wie er in der *sutra der Vollkommenheit der Weisheit* erklärt wird, ist von extremer Tiefgründigkeit. Und nicht alle bringen die geistigen Voraussetzungen mit, ihn zu verstehen. Deshalb wollte Buddha auch für diesen Bereich der Psychologie einen Pfad anbieten, der verständlich ist. Wie wir gesehen haben, basieren Hinayana und Mahayana auf der Textsammlung Buddhas, die *sutra* genannt wird. Das Fahrzeug Tantrayana oder Vajrayana basiert hingegen auf dem *tantra.* Diese Schriften beinhalten die Lehrreden, die Buddha Shakyamuni sowohl in seiner historisch-menschlichen, als auch in seiner transzendenten Form vermittelte.

Man sagt, die Lehren des tantra *verkörpern die esoterische Seite, das verborgene Wissen des Buddhismus ...*

Wörtlich genommen bedeutet der Begriff *tantra* „Kontinuum", also Fortsetzung. Warum nun Kontinuum? Weil sich diese Lehren mit besonderer Aufmerksamkeit auf das Kontinuum des Geistes, des Bewußtseins beziehen. Bei den *tantra* handelt es sich um Schriften, die viele Aspekte der Erkenntnis anschneiden, und in ihren höheren Stufen erklären sie auch esoterische Aspekte des Buddhismus. Aber es handelt sich keinesfalls um Schriften schwarzer Magie, wie ihnen schon oft unterstellt wurde! (Lacht) Ich denke, man kann sagen, daß die Zweite und Dritte Drehung des Rades der Lehre, dank ihrer Tiefgründigkeit, eine Art Brücke zwischen dem Mahayana und dem Vajrayana bilden.

Die tantra *sind in verschiedene Klassen unterteilt. Könnten Sie dazu etwas sagen?*

Im tantrischen System existieren vier Klassen: *Kriya tantra,* das *tantra* der Handlung; *Carya tantra,* das *tantra* der Ausführung; *Yoga tantra,* das *tantra* der Verbindung; *Anuttarayoga tantra,* das *tantra* der unübertrefflichen Verbindung. Jede dieser *tantra*-Klassen hat spezielle Funktionen, Rituale und Meditationen. Aber am weitreichendsten in Tiefe und Kraft ist das *tantra,* das aus den Übungen und Meditationen und Lehren der höchsten Klasse entspringt, aus dem *Anuttarayoga tantra.* Die vorausgehenden Klassen können als Vorbereitungsstadien auf die Erkenntnisse und Offenbarungen der letzten Klasse betrachtet werden. Die Stufe des *Anuttarayoga tantra* ist eine wirklich sehr hohe Stufe, ... aber ich wollte jetzt eigentlich nicht Klassifizierungsdetails und Einzelheiten beschreiben.

Auf die Bedeutung der Meditation im Buddhismus haben Sie bereits hingewiesen. Könnten Sie an dieser Stelle nun ausführlicher darüber sprechen?

Das ist ein Thema, über das man endlos lange nachdenken und sprechen könnte. Wir haben zahlreiche Meditationstechniken, und jede ist an eine bestimmte Gegebenheit angepaßt. Wir müßten tagelang darüber diskutieren, ... und ich glaube nicht, daß dies im gegenwärtigen Rahmen möglich wäre. Bisher habe ich auf die allgemeine Unterteilung in zwei Meditationsformen hingewiesen, und nun könnte ich die korrekte Körperhaltung erklären, in der man meditiert und die in allen Meditationsarten gleich ist.

Beginnen wir mit der Position des Rückens. Dieser sollte so gerade wie nur möglich gehalten werden, ohne daß wir uns dabei verkrampfen. Normalerweise sitzt man auf einem Kissen, die Beine in der klassischen Position des *vajra* gekreuzt. Schwierig und auch schmerzhaft ist es, die Beine vollkommen überkreuzt zu halten, also ein Bein über dem anderen gekreuzt. Eine viel angenehmere Position ist deshalb, die Beine nur bis zur Hälfte zu überkreuzen. Die Hände werden zusammengeführt, mit dem rechten Handrücken berührt man die Innenfläche der linken Hand, die beiden Daumen berühren sich und bilden eine Art Dreieck, das bequem im Schoß des Meditierenden liegt. Diese besondere Handhaltung hat verschiedene symbolische Bedeutungsebenen, darunter die tantrische Bedeutung, die absolute Wirklichkeit *(dharmadhatu)* zu repräsentieren. Die Arme dürfen den Körper nicht berühren, der Kopf ist leicht nach unten geneigt, und die Zunge sollte ganz leicht an den Gaumen gedrückt sein. Die Lippen und Zähne bleiben in ihrer natürlichen Position, und die Augen bleiben mühelos leicht geöffnet, der Blick gleitet entlang der Nasenlinie. Das ist natürlich sehr einfach, wenn man eine ordentliche, lange Nase hat, problematisch wird es erst dann, wenn die eigene Nase klein und kurz ist! (Lacht) Vor allem bei Meditierenden aus der westlichen Welt trifft man öfters auf die Tendenz, die Augen ganz zu schließen. Aber das ist ein Fehler. Während der Meditation sollte man die Augen nicht schließen. Wenn du daran gewöhnt bist, beim Meditieren die Augen leicht zu öffnen, wird dich während Visualisations-Übungen nichts vom Bild ablenken können, und du wirst mit Leichtigkeit in jeder Situation das geistige Bild halten können, über das du meditierst. Umgekehrt aber, wenn du dich daran gewöhnt hast, mit geschlossenen Augen zu meditieren, wirst du unmittelbar nachdem du die Augen geöffnet hast, das geistige Bild deiner Visualisierungen verlieren. Der Atem sollte während der Meditation so natürlich wie nur möglich fließen, du solltest weder zu schwach noch zu stark atmen. Wenn du – aus welchem Grund auch immer – aus der natürlichen meditativen Ruhe herauskommst, kann die Konzentration auf den Atem hilfreich sein. Das wird dir helfen, wieder ruhiger zu werden. Es ist eine wirksame Methode, sich auf den Atemfluß zu konzentrieren, auf das Einatmen und das Ausatmen. Konzentriere dich auf diesen Fluß, und du wirst sehen, wie du nach kurzer Zeit wieder in einen Zustand innerer Ruhe gelangst. Diese Ratschläge eignen sich gut als Grundlage jeder Meditationsform.

Jahrhundertealte Tradition: die Geschichte des Buddhismus in Tibet

Eure Heiligkeit, könnten Sie über die Verbreitung des Buddhismus in Tibet sprechen?

Frühe Formen des Buddhismus in Tibet reichen bis in eine weit zurückliegende Epoche zurück. Der Buddhismus begann sich während der Herrschaft des Souveräns Tha-Tho-ri zu verbreiten, dem XVIII. Monarch der Yarlung-Dynastie, die über mehrere Jahrhunderte in Tibet herrschte. Zunächst wurden nur in Sanskrit verfaßte *sutra* überliefert, die dem Volk noch völlig unverständlich waren. In dieser Epoche folgte man in Tibet nämlich einer religiösen Tradition, die *bön* genannt wurde und noch heute praktiziert wird. Im siebten Jahrhundert, unter dem König Songtsen Gampo, begann sich der Buddhismus – zunächst auf die Entourage des Monarchen und sein höfisches Umfeld begrenzt – allmählich zu verbreiten. Songtsen Gampo war so sehr am Buddhismus interessiert, daß er eine Gruppe Gelehrter unter der Führung des großen Gelehrten Thonmi Sambhota in die Nachbarländer schickte, um nach einer geeigneten Schriftsprache zu suchen, die man an die tibetische Phonetik angleichen konnte, um die buddhistischen *sutra* zu übertragen. Denn in der Tat existierte bis zu diesem Zeitpunkt in Tibet nur eine gesprochene Sprache, es gab keine Schriftsprache. Nach einiger Zeit kehrte Thonmi Sambhota mit einer Schriftsprache nach Tibet zurück, die er aus der Devanagari, der alten Sanskritschrift, entwickelt hatte. Unter dem Nachfolger von Songtsen Gampo, dem König Trisong Detsen, schlug der Buddhismus noch kräftigere Wurzeln in Tibet. Einige bedeutende Gelehrte und *yogi* brachten aus Indien zahlreiche Belehrungen nach Tibet, darunter auch die

Schriften der *sutra* und *tantra*. Zu den bedeutendsten Meistern unter ihnen zählen zweifelsohne Shantarakshita, ein berühmter *pandit* der buddhistischen Universität Nalanda, und Padmasambhava, ein charismatischer *yogi*, der heute noch von einigen Tibetern „der zweite Buddha" genannt wird. Der Mönch Shantarakshita erhielt die erste tibetische Ordination und Padmasambhava regte zum Bau von Samye, dem ersten buddhistischen Kloster in Tibet, an. Ein anderer Monarch buddhistischen Glaubens war Ralpa-chän, der 815 den Thron bestieg. Nach einigen Jahren der Herrschaft führte eine von seinem Bruder Langdarma angezettelte Verschwörung im Palast leider zu seiner Entthronung. Dieser Bruder war ein fanatischer Gegner des Buddhismus, der erbarmungslos seine Anhänger verfolgte, buddhistische Mönche und Laien ermorden ließ, die Kultstätten zerstörte und die Lehren Buddhas verbannte, die von da an heimlich bewahrt wurden. Aber auch Langdarma seinerseits wurde ermordet, und mit ihm endete auch die Yarlung-Dynastie. Tibet zersplitterte sich in mehrere kleine Teilreiche und verlor somit seine politische Einheit. Vom zehnten Jahrhundert an kann der Buddhismus sich in Tibet dann richtig etablieren. Mit dem Mord an dem Herrscher Langdarma enden auch die Gewalttätigkeiten gegenüber Mönchen und Laien, die nun wieder öffentlich ihren eigenen religiösen Glauben ausüben können. Aus Indien kommen neue Lehrmeister in das Land, und eine fruchtbare Periode des spirituellen Austausches zwischen Tibet und Indien wird eingeläutet. Viele Tibeter bereisen Indien, um in den buddhistischen Zentren und Universitäten des Landes zu studieren, und viele indische Gelehrte treffen in Tibet ein, um die Lehrreden Buddhas zu verbreiten. Diesen neuen Strom der buddhistischen Lehre, der nach Tibet führt, bezeichnet man als „Die Zweite Verbreitung der Lehre", während die Einführung des Buddhismus durch Shantarakshita und Padmasambhava in Tibet als „Die Erste Verbreitung der Lehre" bekannt ist. Zwischen dem zehnten und dem elften Jahrhundert wird der Buddhismus zum weitverbreitetsten religiösen Lehrsystem in Tibet, auch wenn – wie ich schon sagte – der *bön* von einer Minorität weiterhin freiwillig praktiziert wird. Mit der Zeit kristallisieren sich im Buddhismus verschiedene Schulen heraus. Die vier Hauptschulen heißen Nyingma-pa, Kagyü-pa, Sakya-pa und Gelug-pa. Die letztere nannte sich anfänglich Kadam-pa, nach der Reform des großen Meisters Je Tsongkhapa wurde sie in Gelug-pa umbenannt. Die Schule Nyingma-pa heißt wörtlich genommen „Schule der Alten", da sie sich auf das *tantra* und die Lehrreden, die mit der Ersten Verbreitung der Lehre nach Tibet kamen, bezieht, während die anderen den *tantras* der Zweiten Verbreitung folgen.

Wie unterscheiden sich diese Schulen voneinander?

Alles in allem gibt es marginale Unterschiede in den praktischen Ausübungen und im Studium. Wer allerdings kein Experte ist, kann keinen Unterschied im Verhalten und dem Training der Mönche aus den verschiedenen Schulen erkennen. Alle Mönche befolgen die ursprünglichen Lehren Buddhas, zu denen auch der Verhaltenskodex des *vinaya* zählt, der die Regeln und Verordnungen des Zusammenlebens der Mönche enthält. Allgemein sagt man, daß die Nyingma-pa- und die Kagyü-pa-Schulen die meditative Praxis und das Yoga vorziehen, während sie dem philosophischen Studium weniger Zeit widmen. Umgekehrt sagt man von der Gelug-pa-Schule, sie würde dem Studium der philosophischen Schriften besonderen Nachdruck verleihen. Wenn man dieser allgemeinen Einteilung noch weiter folgt, dann wäre die Sakya-pa-Schule zwischen diesen beiden Extremen anzusiedeln. In Wirklichkeit aber, auch wenn diese Verallgemeinerungen ansatzweise zutreffen, kann man in allen tibetischen buddhistischen Schulen Gelehrte der höchsten Stufe und große *yogi* antreffen, keine Schule ist davon ausgenommen. Jede korrespondiert mit bestimmten Neigungen des Studierenden, der so für sich eine Schule auswählen kann, die seinen Voraussetzungen entgegenkommt.

Es ist also möglich, bei Meistern aus verschiedenen Schulen zu lernen. Aber sollte man es nicht besser vorziehen, bei einem einzigen Lehransatz zu bleiben?

Nein, eine genaue Regelung gibt es da nicht, ... es gibt keine Vorschrift, die hier zu beachten wäre. Es kommt ganz auf die Haltung des Studierenden an und darauf, wie er sich besser entfalten kann. Man kann sich durchaus von *lamas* belehren lassen, die verschiedenen Lehrtraditionen angehören und unterschiedliche *sadhana* praktizieren. Man kann aber auch den Schriften ein und derselben Linie folgen und Anweisungen von einem einzigen spirituellen Meister erhalten. Alle diese Herangehensweisen sind in der Theorie gleichwertig. Entscheidend ist, daß der Studierende in der Praxis Offenheit bewahrt und nicht sektiererisch wird, wenn er den Lehrsätzen einer Tradition folgt. Umgekehrt sollte er, sofern er von verschiedenen Schulen spirituelle Weisungen empfängt, sehr aufmerksam und genau sein. Ganz entscheidend ist wirklich die eigene Einstellung. Was mich betrifft, so habe ich neben der Lehrtradition der Gelug-pa-Schule auch andere Lehrtraditionen kennengelernt, worüber ich persönlich sehr glücklich bin, gleichzeitig glaube ich, diese Art des Studiums entspricht meinem Charakter, denn ich bin in der Tat ein sehr neugieriger Mensch! (Lacht) Aber auch die andere Herangehensweise ist bestens geeignet. Ich kenne großartige Buddhisten, die immer konsequent bei einer einzigen Schule geblieben sind. Es sind wunderbare Menschen, im Geiste offen und tolerant. Auch in diesem Fall ist es entscheidend herauszufinden, was gut für dich ist, um es auf die bestmögliche Weise in die Praxis umsetzen zu können.

Es scheint weitgehend unbekannt zu sein, wie tief und stark der Buddhismus in Tibet, im Alltagsleben, in der Kultur und in der Spiritualität verankert ist.

Ja, das scheint zuzutreffen. Sehen Sie, vor der chinesischen Invasion 1950 hielten sich verschiedene Reisende in Tibet auf, und fast alle haben einige charakteristische Eigenschaften der tibetischen Bevölkerung beschrieben, so zum Beispiel die Ruhe, Freundlichkeit und Heiterkeit der tibetischen Frauen und Männer. Dieses weitverbreitete Glück, das so viele Fremde in den Gesichtern der Tibeter lasen, läßt sich, so glaube ich, auf den Buddhismus zurückführen, ... auf die Praxis des *buddhadharma,* auf seinen Einfluß und seine Wohltat. Der Buddhismus hat mit seiner Betonung des Altruismus, des Mitgefühls und der Liebe, mit seinem Vertrauen in die karmischen Gesetze und mit seinen reichen Lehrtraditionen das tibetische Volk in seiner Kultur, seiner Psychologie und seiner Mentalität nachhaltig beeinflußt. Nicht daß jetzt etwa der Eindruck entsteht, alle Tibeter wären buddhistische Gelehrte oder *lamas,* ... das ist nicht einmal bei den Mönchen mehrheitlich der Fall. Aber es gab dieses treue Festhalten am Geist der buddhistischen Lehre, an seinen Moralvorstellungen und an seinen ethischen Verhaltensregeln. Und in der Bevölkerung war diese Treue lebendig, sie war ihr nicht durch die Priesterschaft künstlich auferlegt worden. Das alte Tibet war gewissermaßen eine archaische Gesellschaft, die einen Modernisierungsschub nötig hatte, aber seine Menschen waren glücklich ... und heiter. Es war kein Volk von Heiligen, aber die Menschen waren zufrieden in ihrer Lebenswelt. Und ich glaube, das konnte auch nach außen deutlich werden.

Inwiefern, Eure Heiligkeit?

Durch die vielen Gelehrten, Diplomaten und Reisenden, die über das traditionelle Tibet geschrieben haben. Ich glaube, man kann die Atmosphäre dieser buddhistischen und spirituellen Gesellschaft in den Gesichtern wiedererkennen, ganz besonders durch die Augen der Frauen und Männer, die im Laufe der Jahrzehnte fotografiert wurden. Es sind lächelnde Gesichter und Augen, in klarer und tiefgründiger Heiterkeit, eine Heiterkeit, die in der Bevölkerung nicht verloren geht, auch wenn ein großer Teil von ihnen unter ökonomisch schwierigen Bedingungen leben muß, ... auch in Anbetracht großer Versorgungsengpässe. Und dennoch, wenn Sie aufmerksam diese Gesichter, diese Blicke und dieses Lächeln betrachten, werden sie etwas Heiteres und Anmutiges darin entdecken, ... Sie werden die Seele einer Kultur erkennen, in der der Buddhismus, die Lehre des Buddha Shakyamuni und eine ununterbrochene Reihe spiritueller Meister ihre Früchte getragen haben.

Ich glaube, niemand wird das, was Sie sagen, abstreiten wollen, aber lassen Sie uns noch einmal auf die besonderen Charakteristika der Verbreitung des Buddhismus in Tibet zu sprechen kommen, auf die besondere Umsetzung der Reinkarnationstheorie und vor allem auf die tulku*-Linien; denn wenn ich mich nicht irre, findet man diese nur in der buddhistischen Kultur Tibets und des Himalayas.*

Was die Theorie der Reinkarnation betrifft, so unterscheidet sich Tibet überhaupt nicht von anderen buddhistischen Ländern. Es herrscht die verbreitete Erkenntnis vor, daß eine Art geistiges *Kontinuum* existiert, das mit dem Ende des Lebens, mit dem Tod des physischen Körpers nicht zerfällt oder stirbt. Diese Auffassung treffen Sie nicht nur in der tibetischen Kultur an, sondern in allen Formen des Buddhismus. Gleiches gilt auch für das karmische Gesetz, die Idee, daß unser jetziges Sein aus unseren vergangenen Handlungen resultiert, so wie unsere Zukunft durch unsere heutigen Handlungen bestimmt sein wird. Auch in diesem Punkt stimmen wir vollkommen mit der traditionellen Denk- und Sichtweise in der buddhistischen Welt überein. Ein Charakteristikum unserer Kultur ist tatsächlich die *tulku*-Tradition, zu der auch der Dalai Lama zählt. Diese Tradition finden Sie wirklich nur in der tibetischen Welt.

Könnten Sie dazu etwas sagen?

Von einem allgemeinen Standpunkt ausgehend können wir sagen, daß ein *tulku* ein Meister ist, der durch seine religiösen

Praktiken innere Klarheit und spirituelle Kraft erworben hat, die ihm in gewisser Weise Kontrolle über seine Reinkarnationen gewähren. Ein *tulku* wählt die Rückkehr auf die Erde, um mit seinem Reichtum an Kenntnissen allen fühlenden Wesen eine Hilfe zu sein. So läßt sich der Begriff *tulku* beschreiben. Die Reihe aufeinanderfolgender Reinkarnationen schafft eine spirituelle Linie, die mit einem bestimmten Meister beginnt und durch seine Reinkarnation fortgesetzt wird. In der *tulku*-Tradition geht es um die Fortführung der Überlieferung. Das spirituelle Erbe wird reicher, indem es sich jahrzehnte- und jahrhundertelang von Wiedergeburt zu Wiedergeburt fortsetzt. Der junge *tulku* verfügt über Erinnerungen an seine vergangenen Existenzen. Es gelingt ihm beispielsweise, sich an Gegenstände zu erinnern, die seinem Vorgänger gehört hatten, oder er erkennt Personen, die ihm in seiner vorangegangenen Existenz nahe standen. So habe ich beispielsweise mit großer Genauigkeit Gegenstände wiedererkannt, die dem XIII. Dalai Lama gehört hatten, und ebenso einige Mönche aus Lhasa, die bis in das einsam abgelegene Städtchen Takster gekommen waren, im östlichen Teil Tibets, wo ich geboren wurde. Es scheint, daß ich mich an viele Dinge erinnerte, als ich klein war.

Entschuldigen Sie, Eure Heiligkeit, aber warum sprechen Sie in der Vergangenheitsform? Haben diese Erinnerungen Sie mittlerweile verlassen?

Ja, die Erinnerungen haben nachgelassen, aber das scheint eine ganz normale Sache zu sein. Heute überkommen mich bestimmte Empfindungen; manchmal habe ich Träume, die ganz besondere Eindrücke in mir erwecken, aber ehrlich gesagt kann ich nicht behaupten, klare Erinnerungen an meine vorangegangenen Inkarnationen zu haben. Aber es gibt einen Anhaltspunkt, der mir verdeutlicht, daß ich eine direkte Verbindung zu meinem vorherigen Leben habe. Wenn ich die Schriften studiere, bin ich manchmal erstaunt darüber, mit welcher Leichtigkeit ich sie verstehe. Es kommt mir so vor, als ob ich den Stoff wiederholte, anstatt ihn zum ersten Mal zu studieren. In diesen Situationen, die auch heute noch eintreten, habe ich den Eindruck, einer Sache zu begegnen, der ich in der Vergangenheit bereits begegnet bin. Das ist zumindest meine persönliche Erfahrung ... Es gibt allerdings auch *tulku,* die sich ihr ganzes Leben lang an ihre vorangegangenen Existenzen erinnern können. Auch hier scheint es keine Regel zu geben, die für alle gleichermaßen gilt.

Wenn ich Sie richtig verstanden habe, Eure Heiligkeit, dann kann das Erinnern an vorangegangene Leben ein wenig mit dem Träumen verglichen werden. Wenn man uns morgens weckt, vor allem wenn wir plötzlich geweckt werden, dann ist unsere Erinnerung an den Traum noch sehr lebendig, und wir können fast alle Traumgeschehnisse noch einmal Revue passieren lassen. Nach und nach aber, je länger der Tag voranschreitet, verschwimmt die Erinnerung an den Traum zunehmend, bis sie schließlich komplett verschwindet. Könnten wir nicht in unserem Tag – dem Erwachen, der täglichen Arbeit, dem Zubettgehen und dem erneuten Erwachen – eine Metapher sehen, die für den ununterbrochenen Kreislauf von Geburt, Tod und Wiedergeburt steht?

Ja, Sie haben recht ... Wir könnten es in diesem Sinn verstehen, und der Vergleich, den Sie gewählt haben, scheint mir sehr passend zu sein: Träume, an die wir uns unmittelbar nach dem Erwachen gut erinnern und die dann nach und nach, je mehr der Tag voranschreitet, wieder vergessen.

Wie viele tulku *gab es im traditionellen Tibet?*

Das ist schwierig mit genauen Zahlen zu belegen, viele Hunderte, ... vielleicht sogar Tausende.

Und alle waren richtig wiedererkannt worden, ohne daß Fehler passierten?

Nein, im Gegenteil ... ich glaube, daß es unglücklicherweise in einigen Fällen Fehler gegeben hat. Die Auswahl war nicht immer mit der nötigen Strenge durchgeführt worden.

Aber wie kommt man dazu, eine Identifizierung als richtig oder falsch zu erkennen?

Das ist selbstverständlich nicht einfach, ... wir haben es hier nicht mit einem mathematischen oder wissenschaftlichem Verfahren zu tun. Aber man kann etwas zur Überprüfung unternehmen.

Was kann man tun?

Wir müssen und können die Taten und das konkrete Verhalten eines *tulku* analysieren. So sehen wir, ob seine Verhaltensweisen und seine Taten dem Wohle anderer dienen und zu welchen greifbaren Ergebnissen sie führen; ... wenn sein Verhalten mit den Lehren des Mahayana übereinstimmt, ... wenn seine Einstellung wirklich von Mitgefühl geprägt ist ... Wenn viele dieser Charakteristika fehlen, neige ich zu der Annahme, daß die Identifizierung nicht exakt erfolgte.

Der Westen reagiert mit Bestürzung auf die Sitte der tulku-*Tradition, tibetische Kinder in ganz jungen Jahren ins Kloster zu schicken. Können wir einen Moment bei diesem Sachverhalt verweilen? Einige westliche Pädagogen halten diesen Brauch für das psychische Gleichgewicht der Kinder für geradezu schädlich.*

Ich verstehe, daß auf eine nicht-tibetische Kultur unsere Tradition befremdend, wenn nicht sogar negativ erscheinen mag. Meines Erachtens aber sind die Dinge ganz anders, als sie auf den ersten Blick erscheinen mögen. Schaffen wir nun Klarheit über diesen fundamentalen Sachverhalt. Das Kind, das ins Kloster eintritt, wird noch kein Mönch, sondern zunächst ein Novize. Nachdem es die elementare Schulbildung abgeschlossen und das Erwachsenenalter erreicht hat, kann es sämtliche Gelübde ablegen. Es handelt sich dann um eine freie Entscheidung, die der Erwachsene im vollen Besitz seiner geistigen Fähigkeiten trifft.

Sagen Sie damit, der Eintritt der Kinder ins Kloster mit sechs oder sieben Jahren ist mehr oder weniger mit dem Eintritt in die Grundschule bei uns im Westen zu vergleichen?

Ja, mehr oder weniger. Sehen Sie, im traditionellen Tibet war der Staat so gut wie gar nicht im Bildungssektor engagiert. In Lhasa und höchstens zwei oder drei weiteren Städten gab es einige wenige Schulen. Somit war der Klostereintritt für viele Kinder die einzige Möglichkeit, eine Ausbildung zu erhalten, und zwar nicht nur eine religiöse Ausbildung.

Man lehrte also auch weltliche Fächer?

Ja. Die klösterliche Ausbildung war und ist eine Ausbildung auf allen Gebieten, die auch Fächer wie Mathematik, Literatur, Astrologie und manchmal selbst Medizin mit einschloß. In den Klöstern, die wir in Indien gegründet haben, studieren heute junge Mönche auch Fremdsprachen wie Englisch oder Hindi. Wenn wir also über den Klostereintritt so kleiner Kinder sprechen, sollten wir diesen allgemeinen Hintergrund mitbedenken.

Man könnte es also damit vergleichen, ganz klein in ein Internat zu kommen ...

Unter einem bestimmten Gesichtspunkt würde ich die Frage mit ja beantworten, ... aber soviel ich weiß, bieten die Internate im Westen den Kindern, die dort – auch für eine lange Zeitspanne – studieren und wohnen, nicht die gleiche menschliche Wärme, die die klösterliche Gemeinschaft bietet.

Eure Heiligkeit, könnten Sie diesen Gedanken besser erklären?

Ich möchte damit sagen, daß es innerhalb der klösterlichen Welt liebevolle, mitfühlende und gefühlsmäßige Beziehungen gibt, die die *lamas* und Mönche, denen die Führung des Klosters anvertraut ist, mit kleinen studierenden Novizen verbinden. Und alle Lehrer und älteren Mönche können sich gut in diese hineinversetzen, weil sie selbst einmal als Kinder im Kloster gelebt haben, und wissen, daß in jedem Fall die Trennung von der Familie bei den Kindern zu Traumata führen kann. Das ist einfach eine Tatsache. Aber wenn die Welt, in der sich die Kinder befinden, in der Lage ist, neben der religiösen Erziehung und Inspiration auch eine Art erweitertes Familienleben anzubieten, einen größeren familiären Kern, dann wird dieses Trauma positiv überwunden werden. In gewisser Weise können wir sagen, daß die klösterliche Gemeinschaft die menschliche Wärme einer Kernfamilie bietet, die sich zahlenmäßig vergrößert hat. Und schließlich sollten wir nicht vergessen, daß den Kindern das Zusammensein gefällt, das gemeinsame Spielen und der gemeinsame Spaß, und das wird mit Sicherheit im Klosterleben gewährleistet.

Vor allem im traditionellen Tibet setzte man strenge Erziehungsmethoden voraus.

Sehen Sie, wir halten einen guten Anfang für nötig. Welche Unternehmung auch immer wir beginnen, jede x-beliebige – und das Leben ist die wichtigste Unternehmung des Menschen – sie sollte einen bestmöglichen Anfang haben. Die Ausbildung, die die Kinder im Kloster erhalten, sollte also die bestmögliche sein, und dabei ist manchmal – wir müssen sagen leider – ein gewisses Maß an Strenge unabdingbar. Gewiß, die Strenge darf niemals übertrieben sein, ... sie sollte immer darauf zielen, die Aufmerksamkeit des Kindes auf die Bedeutung zu lenken, die eine gute Ausbildung für das Kind und seine individuelle Zukunft hat. Das ist meines Erachtens fundamental, absolut fundamental. Die kleinen Mönche sollten immer die Wärme, die Zärtlichkeit und das Mitgefühl ihrer Meister und Lehrer spüren, auch in jenen Momenten, in denen ihr höchster Einsatz gefordert wird. Wenn dies geschieht, ist das Kind in der Lage zu verstehen und zu „fühlen", daß die Strenge und die möglichen Bestrafungen, denen es ausgesetzt ist, kein Selbstzweck sind, sondern Teil eines pädagogischen Systems, dessen erster Nutznießer es selbst ist.

Wenn Sie von Bestrafungen sprechen, meinen Sie dann auch körperliche Bestrafungen, wie die berühmten Rutenhiebe auf den Rücken, für die noch heute einige englische Schulen berühmt sind?

In der Tat griff man im traditionellen Tibet manchmal auf diese Art der Bestrafung zurück. Heute wendet man sie in den in Indien errichteten Klöstern ganz sicher nicht mehr an. Ich glaube nicht, daß man einen Menschen körperlich demütigen muß, um ihn mehr Disziplin und einen besseren Gebrauch seiner Intelligenz zu lehren. Die Strenge, auf die ich mich beziehe, ist eine moralische, eine psychologische Strenge, und ich möchte noch einmal wiederholen, daß man sich ihrer nur in Ausnahmefällen bedienen sollte, immer innerhalb einer Atmosphäre, die Solidarität und eine liebevolle Haltung gegenüber den Schülern zum Ausdruck bringt, Gefühle, die in der Mehrzahl der Fälle übrigens von den kleinen Mönchen erwidert werden. Ich möchte denjenigen, die nicht von der Güte unserer Lehrmethoden überzeugt sind, vorschlagen, einige der tibetischen Klöster in Indien oder Nepal zu besuchen. Jeder wird mit eigenen Augen die Zuneigung der kleinen Mönche gegenüber ihren Lehrern und Meistern erkennen können, und er wird sehen, wie glücklich die Kinder sind, im Kloster zu leben und zu lernen. Eine Umfrage dieser Art, sehr einfach zwar, aber auch sehr konkret, könnte Tatsachen aufdecken, die viele westliche Beobachter in Erstaunen versetzen könnten. Wenn während der Ferien die Mönche ihre jeweiligen Familien besuchen, ist die Sehnsucht nach der Herzlichkeit der klösterlichen Gemeinschaft oftmals von solcher Stärke, daß sie es kaum abwarten können, ins Kloster zurückzukehren, und oft kommen sie schon vor dem Ende der Ferien zurück.

Kann dieses starke Zugehörigkeitsgefühl zur klösterlichen Gemeinschaft nicht auch, neben den positiven Aspekten, über die Sie gerade gesprochen haben, auf das kulturelle und gesellschaftliche Prestige zurückgeführt werden? Ein Prestige, welches das Kloster in der ganzen Gesellschaft und im Wertesystem der traditionellen tibetischen Welt genießt?

Sicherlich bedeutet das Mönchsein, die Tatsache, ein Vertreter des klösterlichen *sangha* zu sein, für den Mönch selbst und seine Familie ein Grund zur Zufriedenheit. Wie Sie wissen, herrschte in Tibet vor der chinesischen Invasion allgemein die Tradition, daß jede Familie zumindest eines ihrer Kinder zum Studium ins Kloster schickte, und viele dieser Kinder blieben dann freiwillig ihr ganzes Leben dort. In der traditionellen Gesellschaft genoß ein Mönch hohes Ansehen, ... und das ist übrigens auch heute noch so, auch wenn sich das gesellschaftliche Gefüge verschoben hat.

Wenn Sie von einem veränderten gesellschaftlichen Gefüge sprechen, beziehen Sie sich dabei auf das besetzte Tibet oder auf die Welt der Exiltibeter im Ausland, vor allem in Indien und Nepal?

Ich beziehe mich auf beide. Obwohl jede der beiden Welten ihre Besonderheiten hat, brauchen wir auf diese jetzt nicht einzugehen. Mir geht es darum hervorzuheben, daß trotz der dramatischen Wechselfälle, die mein Land und mein Volk in den letzten vierzig Jahren durchlitten hat, die Persönlichkeit eines Mönchs noch heute von großer Bedeutung ist, und das sowohl im besetzten Tibet als auch in der Welt des Exils. Dieser Sachverhalt – so scheint mir – verdeutlicht, wie elementar wichtig die klösterliche Dimension für die Tibeter ist. Aber ich habe ihre Frage noch nicht befriedigend beantwortet. Das kulturelle und gesellschaftliche Ansehen des Klosters, wie Sie es bezeichnet haben, wurzelt in der fundamentalen Güte dieser Institution, sei sie auf die Erziehung und Bildung der Mönche bezogen oder auf die Bewahrung der buddhistischen Lehre in Tibet.

Bleiben wir noch beim Thema Erziehung. Welche Ratschläge könnten Sie den Frauen und Männern im Westen geben, was die Erziehung ihrer Kinder betrifft?

Auch für sie gilt die Idee eines guten Anfangs. Bei jeder Begegnung mit Kindern und Eltern hebe ich immer wieder hervor, wie wichtig das erste Lebensjahr ist, wie fundamental wichtig die erste Lebensphase eines Kindes ist ... Denn von dem, was sich in den ersten Jahren der Existenz eines Menschen ereignet, wirkt sich vieles nachhaltig auf seine Zukunft aus.

Die moderne westliche Psychologie vertritt die gleichen Ansichten ...

Das denke ich auch, obwohl ich mich leider nicht so gut in ihr auskenne. Aber kürzlich traf ich einige Wissenschaftler, die davon sprachen, daß das Gehirn sich von den ersten Wochen an bis zum dritten oder vierten Lebensjahr sehr schnell entwickelt, und in dieser Periode ist das Kind auf Zärtlichkeit, Zuneigung und menschliche Wärme angewiesen. Es ist wichtig, daß Eltern, Verwandte und Freunde das Kind ihre menschliche Wärme spüren lassen, auch durch körperlichen Kontakt, also Zärtlichkeiten, Umarmungen und Küsse. Auch auf die Gefahr hin, banal zu wirken, will ich wiederholen, daß die menschlichen Wesen auf Freundlichkeit angewiesen sind, um wachsen und zufrieden leben zu können. Und diese Freundlichkeit muß mit dem Lebensanfang beginnen.

Kommen wir auf die Kontrolle von Gefühlen zu sprechen. Wie sollte sich ein Erziehender verhalten, wenn er sich mit Seelenzuständen konfrontiert sieht, die wir als „negative Leidenschaften" bezeichnen könnten, also Wut, Angst, Eifersucht, Unruhe etc.?

Dieses Thema ist sehr heikel, und in gewisser Weise sprengt es den Rahmen eines Interviews. Aber zusammenfassend können wir sagen, daß man auf den zwei Seiten von Bewußtsein und

Verhalten arbeiten muß, ... ein gutes Gelingen unseres Lebens verdanken wir allen beiden Aspekten. In sich ist das Bewußtsein ein Instrument, das wir zum Guten oder zum Schlechten hin gebrauchen.

Inwiefern zum Schlechten hin?

Ich meine damit im Sinne eines leeren Begriffssystems, ohne eine Wirkung auf das wirkliche Verhalten einer Person. Allgemein gesagt: „Ich weiß jede Menge, aber dieses Wissen ändert in meinem konkreten Leben nichts." Das passiert öfter, als man sich vorstellt.

Und wie können wir unser Bewußtsein gut nutzen?

Wir können unser Bewußtsein zum Guten hin nutzen, indem wir es konkret auf unser tägliches Leben anwenden, und wenn wir es kontinuierlich auf uns selbst anwenden, dann werden wir auch in der Lage sein, es unseren Kindern, unseren Schülern und unseren Freunden zu vermitteln. Auf dem Gebiet der Erziehung ist es sehr wichtig, sich eine Wahrheit vor Augen zu halten, die eine buddhistische Wahrheit ist, die aber auch von Nicht-Buddhisten geteilt werden kann.

Von welcher Wahrheit sprechen Sie?

Ich spreche davon, daß die fundamentalen Eigenschaften des menschlichen Wesens positiv sind und nicht negativ. Ich spreche davon, daß die Liebe, die Freundlichkeit und das Mitgefühl die Eigenschaften sind, die unsere Seele charakterisieren. Das heißt, wir müssen sie durch Vernunft, aber auch durch Sensibilität und Intuition kultivieren.

Entschuldigen Sie bitte, Eure Heiligkeit, aber könnte man dagegen nicht einwenden, daß Haß und Gewalt etc. ebenfalls Eigenschaften sind, die dem menschlichen Wesen angeboren sind, und daß diese als die noch authentischeren Leidenschaften be-

trachtet werden können? Es gibt Menschen, die behaupten, Freundlichkeit, Mitgefühl etc. seien nur das Resultat von Erziehung und von festgelegten gesellschaftlichen Regeln und keine Eigenschaften, die auf die Tiefe der menschlichen Natur verweisen.

Ich teile diese Ansichten nicht. Im Gegenteil, ich glaube, daß die Liebe, die Freundlichkeit, das Empfinden von Mitgefühl menschliche Qualitäten sind, die natürlichsten Eigenschaften des Menschen überhaupt. In einem anderen Zusammenhang könnten wir der Frage aus der Sichtweise der buddhistischen Psychologie begegnen, die viele überzeugende Beispiele dafür erbracht hat, worüber ich gerade spreche. Aber hier genügt es, daran zu erinnern, wie friedfertig und entspannt wir uns fühlen, wenn wir unter Bedingungen leben, die uns ein Geben und Nehmen von Liebe, Freundlichkeit und Mitgefühl etc. ermöglichen. Zorn, Aggressivität und Wut und so weiter sind meiner Meinung nach das Ergebnis des neurotischen Gefühls eines Menschen, der den Kontakt zu seiner wirklichen Natur verloren hat. Und diesen Kontakt mag er verloren haben, weil sein Leben keinen guten Anfang hatte. Durch welche Umstände auch immer, fehlte ihm die Zuneigung der Eltern oder anderer geschätzter Menschen. Wenn wir daran gingen, die persönlichen Biographien von Kriminellen, von Mördern und von Diktatoren zu untersuchen, dann würden wir sehen, daß es ihnen in ihren ersten Lebensjahren an Zuneigung mangelte. Und dieser Mangel an Zuneigung hat sie wahrscheinlich einer negativer Besinnung zugeführt, die es ihnen unmöglich macht, die Welt in ihrer richtigen und authentischen Perspektive zu sehen.

Kehren wir noch einmal zur klösterlichen Welt zurück. Sie haben betont, wie wichtig es für einen kleinen Novizen ist, von der gesamten klösterlichen Gemeinschaft menschliche Wärme zu erhalten. Aus gesellschaftlichen Gründen haben wir im Westen die Kernfamilie, die sich sozusagen fast ausschließlich aus Mutter, Vater und Kind zusammensetzt. Wer sollte die Zärt-

lichkeit und Liebe von der sie sprachen, dem Kind geben? Nur die Eltern, nahe Verwandte oder auch andere Menschen?

Das Kind braucht in jedem Falle Zuneigung und Herzlichkeit. Und die Eltern tragen die Verantwortung. Aber es ist nicht ausschließlich ihre Verantwortung, denn Zuneigung und Herzlichkeit sind nicht an eine bestimmte Herkunft gebunden. Entscheidend ist, daß dem Kind beides zuteil wird. Natürlich kann es ein Kind negativ beeinflussen, wenn es diese Aufmerksamkeiten nicht von seinen Eltern erhält. Es kann sich zurückgewiesen fühlen. Darauf müssen diejenigen Personen, die die elterlichen Zärtlichkeiten ersetzen, vorbereitet sein.

Erhält ein tulku *eine spezielle Erziehung im Vergleich zu anderen Kindern, die ins Kloster kommen?*

Speziell insofern, als seine Erziehung mit besonderer Aufmerksamkeit verfolgt wird, als man von ihm ein großes Engagement erwartet, bessere Ergebnisse, aber davon einmal abgesehen erhält ein *tulku* die gleiche klösterliche Erziehung wie alle anderen Mönche.

Wann wurde die Tradition der tulku *ins Leben gerufen?*

Ich bin auf diesem Gebiet nicht besonders beschlagen. Der erste, der als *tulku* gewürdigt wurde, war Karmapa, einer der herausragenden Meister aus der Schule der Kagyü-pa. Nach ihm ist diese Tradition in Tibet verbreitet worden; ehrlich gesagt kann ich Ihnen nicht sehr viel mehr darüber sagen.

Der wichtigste tulku *in Tibet ist zweifelsohne der Dalai Lama. Könnten Sie in aller Kürze über die Geschichte der Dalai Lamas sprechen?*

Mit der fünften Reinkarnation, Ngawang Lobsang Gyatso, wurden die Dalai Lamas die politischen und geistigen Führer in Tibet – man schrieb das Jahr 1642. Die Linie der Reinkarnationen, die unter dem Namen des Dalai Lama bekannt wurde, begann 1391 mit der Geburt von Gendün Drupa, einem großen spirituellen Meister, der einer der Hauptanhänger des Lama Tzong Khapa war. Gendün Drupa lebte zunächst in Zentraltibet, in der Region von Ü, wechselte dann aber in die Gegend von Tsang, wo er das Kloster Tashilumpo gründete, das nur kurze Zeit später eine große Zahl an Studierenden hatte. Als Gendün Drupa 1472 seinen Körper verließ, tröstete er seine Anhänger: Sie sollten sich nicht sorgen, denn er würde wiederkehren und sein spirituelles Werk fortsetzen. Und so geschah es auch. 1475 wurde in dem Dorf Tanag Yalkar ein Junge geboren, der sehr schnell spirituelle Begabungen zeigte und vor allem ganz klare Erinnerungen an zahlreiche Begebenheiten aus seinem vorangegangenen Leben hatte. Er hieß Gendün Gyatso und wurde als die authentische Reinkarnation von Gendün Drupa anerkannt. Er studierte hauptsächlich in den Klöstern Tashilumpo und in Drepung, wo er so lange blieb, bis er 1542 im Alter von fünfundsechzig Jahren seinen Körper verließ. 1543 wurde in Toyung, einem Ort nahe bei Lhasa, Sonam Gyatso geboren, der in der Linie als dritte Reinkarnation anerkannt wurde, die von Gendün Drupa begründet worden war. Es ist wichtig zu wissen, daß bis zu Sonam Gyatso die *lamas* dieser Nachfolgelinie keinen eigenen Namen hatten, sie nannten sich bis dahin noch nicht Dalai Lama. Erst mit der dritten Inkarnation wurde ihnen dieser Titel verliehen.

Und wer hat ihnen diese Titel verliehen?

Der Mongolenführer Altan Khan. Sehen Sie, in dieser Zeit war der Ruhm von Sonam Gyatso in ganz Tibet verbreitet. Er war bekannt für die Klarheit seiner Lehrreden und die Qualität seiner spirituellen Ausübungen; eine große Anzahl an Geschichten über ihn verbreitete sich schnell bis in jeden Winkel des Schneelandes. Das Echo dieser Erzählungen erreichte auch den Hof Altan Khans, eines Mongolenführers aus dem Klan der Tumat und Nachkomme von Djingis Khan. Viele Male lud Altan Khan Sonam Gyatso ein, bis dieser schließlich der Einladung folgte. 1577 verließ er das Kloster Drepung und machte sich auf den Weg in die Mongolei, die er im Spätsommer des Folgejahres erreichte. Altan Khan seinerseits begab sich an die Grenzen seines Reiches, um Sonam Gyatso zu empfangen und ihn mit großem Hofstaat nach Koko Kotan zu führen, der Hauptstadt des Stammes der Tumat. Sonam Gyatso begann sofort, dem Monarchen und seinen Leuten Lehren zu erteilen, und nach kurzer Zeit konvertierte Altan Khan zum Buddhismus und verlieh seinem Meister den Titel *Dalai Lama,* eine mongolische Bezeichnung für „Ozean" ... Von diesem Zeitpunkt an wurde Sonam Gyatso als Dalai Lama bezeichnet, und der Titel wurde auch seinen vorausgegangenen Inkarnationen verliehen. Das ist also der Hintergrund, der erklärt, warum wir uns Dalai Lama nennen. Die Beziehungen des III. Dalai Lama zur mongolischen Welt waren so eng geknüpft, daß nach dem Tod von Sonam Gyatso 1588 seine Inkarnation nicht in Tibet erschien, sondern in der Mongolei. In der Tat war der IV. Dalai Lama, Yönten Gyatso, ein Nachkomme von Altan Khan.

Aber Yönten Gyatso entfaltete seine spirituelle Mission in Tibet?

Ja. Er blieb in der Mongolei bis zu seinem zwölften Lebensjahr. 1601 siedelte der IV. Dalai Lama in das Kloster Drepung über. Leider war er nicht von guter körperlicher Konstitution und mußte noch in jungen Jahren seinen Körper verlassen.

In dieser Zeit übten die Dalai Lamas noch keine besondere politische Funktion in Tibet aus?

Ja, das stimmt. Unter politischen Gesichtspunkten waren es turbulente Jahrhunderte für Tibet. Aber die ersten vier Dalai Lamas übten einzig eine spirituelle Funktion aus. Erst mit dem V. Dalai Lama, mit Ngawang Lobsang Gyatso, dem „großen" fünften Dalai Lama, wie die Tibeter ihn nennen, vereinigte der Dalai Lama in seiner Person sowohl die spirituelle als auch die politische Autorität. Sehen Sie, wie ich Ihnen schon sagte, war es eine sehr schwierige Zeit für Tibet, ... die Lage war sehr angespannt, nicht nur in politischer Hinsicht. Es gab Unstimmigkeiten und in einigen Fällen sogar Streitigkeiten zwischen verschiedenen religiösen Schulen, insbesondere zwischen der Kagyü-pa-Schule und der Gelug-pa-Schule. Tibet stand das erste Mal in seiner Geschichte am Rande eines richtigen Bürgerkrieges. So entschied der V. Dalai Lama, daß der Zeitpunkt erreicht war, sich in das politische Geschehen einzuschalten, und dank der Hilfe des Mongolenstammes der Qosot und ihres Führers, dem Fürsten Gushri Khan, konnte Ngawang Lobsang Gyatso die politische Macht erlangen und Tibet vereinigen und aussöhnen. Er schuf eine Zentralregierung mit Sitz in Lhasa, die nach kurzer Zeit von allen Tibetern als authentische Regierung der großen Regionen U-Tsang, Amdo und Khan, aus denen sich unser Land zusammensetzt, anerkannt wurde.

Und in spiritueller Hinsicht nahm die Gelug-pa-Schule eine Vormachtstellung ein?

Absolut nicht ... Sehen Sie, die Gelug-pa-Schule war bereits sehr verbreitet und einflußreich, vor allem in der Gegend von Lhasa und in ganz Zentraltibet, aber der V. Dalai Lama wurde das religiöse Oberhaupt aller Tibeter ... und er war kein Sektierer. Nein, man erinnert sich seiner heute noch dahingehend, daß er außer den Lehren der Gelug-pa-Schule auch verschiedene Lehren aus anderen Schulen erhalten und selbst praktiziert hat. In besonderer Weise war er auch Anhänger der bedeutenden Nyingma-pa-Linie. Aber nicht nur Ngawang Lobsang Gyatso nahm diese nicht-sektiererische Haltung ein. Die anderen Dalai Lamas haben, obwohl auch sie der Gelug-pa-Tradition angehörten, schon vor ihm verschiedene Lehren aus anderen Schulen praktiziert, das geht klar aus ihren Biographien hervor. Nein, mit der Tradition der Dalai Lamas etablierte sich keine Vorherrschaft der Gelug-pa. Vom V. Dalai Lama an wurden sie die höchsten Repräsentanten aller Tibeter, und als solche wurden sie vom ganzen Volk anerkannt. Im übrigen waren die Dalai Lama nicht die Oberhäupter der Gelug-pa-Schule. Im Westen weiß man das nicht immer so genau, oder es herrschen diesbezüglich Unklarheiten. Das Oberhaupt der Gelug-pa-Schule ist der Ganden Tripa, der auf Grund seiner spirituellen Kenntnisse und seiner Gelehrtheit von einigen wichtigen *lamas* der Schule erwählt wird. Die nicht-sektiererische Tradition setzt sich in dem VI. Dalai Lama, Tsangyang Gyatso fort, der – wie Sie sicherlich wissen – einen unkonventionellen Lehrstil hatte.

Aus seiner besonderen Lebensführung heraus resultieren auch seine berühmten Liebesdichtungen, die er zahlreichen jungen Frauen widmete. Einige behaupten, daß im Fall des VI. Dalai Lama vielleicht ein Fehler bei der Wiedererkennung seiner Inkarnation unterlaufen sei …

Das glaube ich absolut nicht … Ich bin davon überzeugt, daß Tsangyang Gyatso die authentische Inkarnation des V. Dalai Lama war. Sein unkonventioneller Stil brachte lediglich die Tatsache zum Ausdruck, wie verschieden die Lehrweisen doch sein können, aber die Lehre des VI. Dalai Lama war von absoluter Reinheit. Er war ein großer Dalai Lama, auch wenn er aufgrund politischer Schwierigkeiten 1706 sehr jung verstarb.

Er verstarb in Lithang, und bevor er Lhasa verließ, schrieb er ein Gedicht, in dem er nicht nur seinen Tod in Lithang voraussagte, sondern auch, daß er dort wiedergeboren werden würde: „Leih mir deine Flügel / Schneeweißer Kranich / Weiter als nach Lithang werde ich nicht gehen / Und dort von neuem wiederkehren …"

Ja, genau so geschah es … so wie es das Gedicht beschreibt. In der Tat wurde 1708 in Lithang Kalsang Gyatso, der VII. Dalai Lama geboren, der sich in der Hauptsache dem religiösen Studium und den Praktiken der Gelug-pa widmete. Er befolgte einzig die reine Lehrtradition dieser Schule. Nachdem er 1757 seinen Körper verlassen hatte, wurde 1758 in dem Dorf Thobgyal in der Region von Thang, Jampal Gyatso, der VIII. Dalai

Lama geboren. Auch er praktizierte, zumindest in der ersten Hälfte seines Lebens, fast ausschließlich die Lehren der Gelug-pa, aber in der Folgezeit betrieb er auch das Studium anderer Lehrtraditionen. Unglücklicherweise fand er hier keine wirklich qualifizierten Meister. Alle Dalai Lamas, vom IX. bis zum XII. Dalai Lama, die nach dem Tod von Jampal Gyatso 1804 nachfolgten, starben teilweise bereits in sehr jungen Jahren ohne ihre religiösen Studien in angemessener Weise vollenden zu können. Im Jahr 1876 aber wurde Thubten Gyatso, der XIII. Dalai Lama in Langdun, im Südwesten Tibets geboren, der nicht nur eine große politische Persönlichkeit war, sondern auch ein großer praktizierender Buddhist. Er vertiefte sich in das Studium der Lehren der Gelug-pa-Schule, aber auch in die Lehren anderer Schulen, darunter insbesondere in die der Nyingma-pa. Aber es waren schwierige Jahre, und er war in die Regierung Tibets eingebunden. Da war anfangs die Besetzung meines Landes durch die imperialistische Armee Chinas und dann wieder eine Befreiung nach dem Zerfall des chinesischen Reiches. Trotz alledem war der XIII. Dalai Lama sein ganzes Leben lang ein geschätzter spirituell Praktizierender und ein gelehrter religiöser Meister. Er verließ seinen Körper 1933 … und so sind wir bei dem großen XIV. Dalai Lama angelangt, (Lacht) mit dem Sie gerade sprechen … Ich wurde in Osttibet, in der Region von Amdo geboren. Mein Geburtsort heißt Takster und war zum Zeitpunkt meiner Geburt im Jahre 1935 ein ganz kleiner, abgelegener und ruhiger Ort. Meine Eltern waren einfache Bauern, und ich war ihr fünftes Kind. Scheinbar gab es einige besondere Ereignisse, die meine Geburt ankündigten; mein Vater und meine Mutter dachten, daß ich vielleicht die Reinkarnation eines *lama* sein könnte, aber sie stellten sich ganz bestimmt nicht vor, daß ich die Reinkarnation des Dalai Lama sein würde. Dementsprechend schockiert waren sie, als eine Delegation aus Lhasa mich entdeckte …

In ihren beiden Autobiographien haben Sie in allen Einzelheiten erzählt, wie es dazu kam, daß Sie als die Inkarnation des XIII. Dalai Lama erkannt wurden. Hier möchte ich Sie nun fragen, was sie als die „Besonderheit" des Dalai Lama definieren würden.

Dem tibetischen Volk zu helfen; ... sowohl spirituell als auch politisch dem Wohle der Tibeter zu dienen; ... das ist das Besondere unserer Linie.

Man hält den Dalai Lama für die irdische Manifestation des Avalokiteshvara, des bodhisattva, *der das Prinzip des Mitgefühls verkörpert. Wann und wo ist das festgelegt worden?*

Das ist ein bißchen ein Geheimnis ... ich weiß es nicht genau. Ich glaube, zur Zeit des I. Dalai Lama gab es Hinweise und klare Anzeichen, daß Gendün Drupa eine irdische Erscheinung des Avalokiteshvara war. Es gibt geheimnisvolle Einflüsse, besondere Beziehungen zwischen unserer Linie und Avalokiteshvara. Außerdem haben wir diesen speziellen Auftrag in bezug auf Tibet und Chenresig, wie wir Tibeter Avalokiteshvara nennen und der Tibets Schutzpatron ist. Wie auch immer, es muß klar sein, daß die Verkörperung eines *bodhisattva* nicht das „Vorrecht" einer einzigen Person oder einer einzigen Linie ist. Es können vielfache Erscheinungen ein und desselben Prinzips existieren.

Auch gleichzeitig?

Ja, gewiß ... auch gleichzeitig.

Im Westen betrachtet man manchmal den Dalai Lama als eine Art lebendigen Gott. Ist das berechtigt?

Absolut nicht. Der Buddhismus sieht in seinen Lehren die Präsenz eines Schöpfergottes nicht vor ... Stellen wir uns also einen „lebenden Gott" vor – falls ich dann dieser „lebende Gott" wäre, ich mit all meinen Grenzen, was würde das für ein kläglicher Gott sein! (Lacht) Ich glaube, der Begriff ist die Übersetzung eines chinesischen Wortes, das diese Bedeutung hat: *Ho-fu.* In der tibetischen Sprache benutzen wir den Begriff *lama,* eine Übersetzung des Sanskritwortes *guru,* für spiritueller Meister. *Lama* setzt sich zusammen aus *la,* das „oben" bedeutet und *ma,* das soviel heißt wie „niemand anderes" ..., *lama* heißt also übertragen „Höherstehender" und zeigt somit die Qualität eines spirituellen Lehrers an. In meinem Fall steht Dalai Lama für „Lama des Ozeans" und Ozean bedeutet Ozean der Weisheit, der Erkenntnis. Deshalb wird der Dalai Lama von Studierenden aus dem Westen korrekterweise „Ozean der Weisheit" genannt. Diese Definition ist unter philologischen Gesichtspunkten angemessen, aber „lebender Gott" ist Unsinn.

Wie stellt ein Dalai Lama fest, wo und in welcher Familie er wiedergeboren wird?

Im Falle meiner Vorgänger weiß ich es ehrlich gesagt nicht. Ich glaube, sobald sie in ihren Übungen fortgeschritten sind und eine starke altruistische Motivation entwickelt haben, haben sie auch beachtliche Erfahrungen auf diesem Gebiet gemacht. Was mich betrifft, so gebe ich mein Bestes, daß auch ich die reine Motivation entwickle, allen fühlenden Wesen helfen zu können. Lassen Sie mich in diesem Zusammenhang einen Vers zitieren, der mich in vielen meiner Meditationen inspiriert: „Solange Raum existiert, solange existieren die Leiden der fühlenden Wesen, solange werde ich wiederkehren, um ihnen zu dienen." Die Meditation über diese Verse gibt mir viel Kraft, und sie hilft mir, die wahre Bedeutung des Lebens zu verstehen. Ich habe keine Zweifel daran, daß sich die Linie meiner Reinkarnationen fortsetzen wird. Zum aktuellen Zeitpunkt habe ich noch nicht die notwendige Kraft entwickelt, um mit Klarheit den Verlauf meiner neuen Inkarnationen zu bestimmen, aber ich werde mein Bestes tun, sie noch vor meinem Hinscheiden zu entwickeln, ... noch muß ich keine Eile haben. (Lacht) Ich hoffe, daß ich noch genügend Zeit habe, sie zu erlangen. Aber Scherz beiseite, es stimmt, daß in Tibet die großen *Lamas* einigermaßen eindeutig den Ort und den Zeitpunkt ihrer nächsten Inkarnation vorhersagen können. In diesem Punkt macht die Tradition der Dalai Lamas keine Ausnahme, hierin unterscheidet sie sich nicht sehr von der Tradition anderer *tulku.* Manchmal können die Anzeichen eindeutig sein, in anderen Fällen bleiben sie unverständlich und müssen erst dechiffriert werden.

Und wenn die Anzeichen unverständlich bleiben, dann werden im Falle der Dalai Lamas verschiedene Orakel befragt?

Wenn die Hinweise im Fall der Dalai Lamas nur sehr vage und schwierig zu interpretieren sind, zieht man das tibetische Staatsorakel heran, das Orakel des Nechung-Klosters ... Die Orakel sind durch Personen verkörpert, manchmal Mönche, manchmal einfache Laien, deren physischer Organismus von besonderen spirituellen Energien genutzt wird, um Kontakt zur Welt der lebenden Wesen aufzunehmen. Diese Orakel suchen sich ein menschliches Wesen als Medium aus, als Vermittler zwischen ihrer und unserer Welt; die ausgewählten Personen fallen manchmal, während sie agieren, in Trance. Dann sprechen sie im Namen einer bestimmten spirituellen Energie, die so befragt werden kann. Bei der Reinkarnation des Dalai Lama und bei anderen wichtigen Entscheidungen konsultiert die tibetische Regierung das Orakel von Nechung, das deshalb tibetisches Staatsorakel genannt wird.

Was empfindet eine Familie, wenn eines ihrer Mitglieder als Reinkarnation des Dalai Lama erkannt wird?

Das ist schwierig zu beantworten ... Auf der einen Seite sind die Eltern sehr glücklich, ein für Tibet so bedeutendes Kind auf die Welt gebracht zu haben, auf der anderen Seite sind sie aber auch sehr traurig darüber, weil sie in gewisser Weise den Eindruck haben, ihr Kind auf Grund seiner bedeutenden Funktion zu verlieren. Auf alle Fälle folgt die Familie dem kleinen Dalai Lama nach Lhasa, um in seiner Nähe bleiben zu können. Und da in den meisten Fällen der gesellschaftliche Status der Eltern und nahen Verwandten des Dalai Lama höher sein wird als zuvor, können aufgrund der Differenzen zum vorherigen Lebensstil Anpassungsschwierigkeiten auftreten.

Befreiung von inneren und äußeren Hindernissen: Kalachakra

Im Vajrayana-Buddhismus gibt es eine wichtige Initiation, die des Kalachakra, die Sie besonders in den letzten Jahren bemerkenswert häufig zelebriert haben, sei es in Indien oder anderswo. Könnten Sie etwas darüber sagen?

Kalachakra ist eine der wichtigsten Initiationen im tantrischen Buddhismus. Ich habe die Lehren direkt von meinem alten Tutor Kyabje Ling Rinpoche erhalten, der seinerseits in einer Reihe von Initiationen steht, die bis auf das zehnte Jahrhundert zurückgeht, als der *yogi* Chilupa, ein Meister, der aus Ostindien stammte, mit diesem besonderen *tantra* begonnen hatte. Es existieren verschiedene Versionen bezüglich des Zeitpunktes, in dem Buddha Shakyamuni dieses *tantra* lehrte. Einer Version zufolge erteilte Buddha im dritten Monat bei Vollmond, ein Jahr nachdem er die Erleuchtung erlangt hatte, gleichzeitig zwei Lehren. Während er auf dem Geierberg die Zweite Umdrehung des Rades der Lehre vollbrachte, erschien er im gleichen Moment in der Form des Kalachakra in Dhanyakataka, einer Gegend in Südindien, wo er dieses *tantra* übermittelte. In einer anderen Version hingegen wird behauptet, daß Shakyamuni, ein Jahr bevor er seinen Körper verließ und in das Parinirvana eintrat, das Kalachakra-tantra lehrte. Zu welchem Zeitpunkt auch immer Buddha das Kalachakra-tantra lehrte, es ist das komplexeste *tantra* im tantrischen Buddhismus. Aber es würde hier viel zu weit gehen, alle Details und alle verschiedenen Phasen dieser Initiation zu erklären, deren Ausführung ca. drei Tage andauert.

Eure Heiligkeit, könnten Sie zumindest die wichtigsten Aspekte des Kalachakra erklären?

Kalachakra ist ein Begriff aus dem Sanskrit und bedeutet „Rad der Zeit". Die Zelebration der Initiation ist eine spirituelle Praktik, die darauf zielt, innerliche und äußerliche Hindernisse zu beseitigen, die das Fortschreiten auf dem Pfad der Erleuchtung beeinträchtigen. Allgemein gesprochen können wir sagen, daß ein äußerliches und innerliches Rad der Zeit existieren. Mit dem äußerlichen Rad der Zeit beziehen wir uns auf die materielle Welt, in der wir leben, während das innerliche Rad die psycho-physische Struktur der menschlichen Wesen symbolisiert. Wie ich Ihnen bereits sagte, geht man davon aus, daß der Erhalt dieser Lehre und die Ausübung entsprechender Meditationstechniken das menschliche Wesen darin bestärkt, seine innerliche und äußerliche Negativität zu reinigen.

Stimmt es, daß das Kalachakra-tantra auf irgendeine Weise in Zusammenhang steht mit dem mythischen Reich von Shambala?

Ja. Der Überlieferung zufolge lehrte Buddha das Kalachakra-tantra auf speziellen Wunsch von Dawa Sangpo, dem ersten Monarchen des Königsreiches von Shambala. Shambala ist der Name einer Region, die sich durchaus in dieser Welt befindet, aber einer besonderen räumlich-zeitlichen Dimension angehört und nur von solchen Menschen wahrgenommen und erkannt werden kann, die eine besondere psycho-physische Sensibilität besitzen. Die Lehren des Kalachakra-tantra wurden für lange Zeit innerhalb des Königreiches von Shambala bewahrt und dort in einer ununterbrochenen Reihe von Meistern und Schülern weitergegeben, erst im zehnten Jahrhundert sind sie unter die Menschen gebracht worden ... eben durch den *yogi* Chilupa.

Im tantrischen Buddhismus erhält nur eine begrenzte Anzahl von Schülern Initiationen. Der Meister verleiht ihnen das abisheka *innerhalb einer streng vertraulichen, um nicht zu sagen geheimen Runde. Die Kalachakra-Initiation hingegen ist öffentlich und oftmals wird sie in großen Ansammlungen bis hin zu hunderttausend Menschen zelebriert …*

Diejenigen Personen, die sich auf den Erhalt einer Initiation oder *abisheka* vorbereiten, sollten besondere Eigenschaften und Qualifikationen vorweisen. Sie sollten aufmerksam und über mehrere Jahre die entsprechenden Schriften studiert haben, sie sollten eine tiefe und persönliche spirituelle Beziehung zu ihrem Lehrer entwickelt haben, und sie sollten lange über einen bestimmten Gegenstand meditiert haben. Aber in bezug auf das Kalachakra kann man eine Ausnahme machen. Ich denke, aus dieser Initiation entsteht Positives, ganz gleich welcher Bewußtseins- und Erfahrungsstufe man auch angehört. Ein jahrelanges Studium ist also nicht notwendig, um daran teilnehmen zu können. Die einzige unverzichtbare Eigenschaft besteht darin, ein tiefes Vertrauen in die Praxis zu setzen und die Gelegenheit wertzuschätzen. Aus einer solchen Motivation heraus ist die Kalachakra-Initiation eine Zeremonie, an der alle teilnehmen können. Sie wissen ja, das Ritual des Kalachakra ist sehr lang und ausgefeilt. Ich habe bereits gesagt, daß es drei Tage andauert. Während dieser Zeitspanne müssen wir uns in komplexen Meditationen, Visualisierungen und Gebeten üben. Es gibt spezielle rituelle Tänze, die feierlich begangen werden, ein großes *mandala* aus farbigem Sand wird hergestellt, in das der Praktizierende dann symbolisch in verschiedene Phasen der Initiation „eintritt". Es gibt Praktizierende, die diesen Momenten und den verschiedenen Stufen der Zeremonie sehr aufmerksam folgen können.

Was verstehen Sie unter „aufmerksam folgen"?

Ich spreche von Personen, wie spirituelle Meister, *yogi*, Mönche oder Menschen, die mit den komplexesten Aspekten des Buddhismus vertraut sind, die, wie soll ich sagen, fortgeschrittene Praktizierende sind, und ich möchte sagen, daß diese Personen bis zum Grund das Gute genießen können, das eine Initiation dieser Art hervorbringt. Nachdem die Initiation einmal abgeschlossen ist, werden sie in der Lage sein, zahlreiche Übungen zu praktizieren, die mit der Lehre des Kalachakra zusammenhängen. Für die anderen, die oftmals von weither kommen, um das Kalachakra zu erhalten, wird es auch ein besonderes Ereignis sein, weil sie sehr bedeutenden buddhistischen Lehren begegnen. Ich glaube, auch wenn sie nicht in der Lage sein werden, alles zu verstehen, so werden sie doch das Gute genießen können, das daraus entsteht, denn es handelt sich um eine wirklich kraftvolle Einweihung. Folgt man den buddhistischen Schriften, dann garantiert die Teilnahme an einer Kalachakra-Initiation, daß in einem Maximum von sechzehn Reinkarnationen die Erleuchtung erlangt wird. In Anbetracht der unendlichen Zahl im Kreislauf der Existenzen ist das nicht sehr viel.

Kein Dalai Lama vor ihnen hat eine so große Anzahl von Kalachakra-Initiationen zelebriert.

Ja, niemand ... das ist eine meiner Spezialitäten! (Lacht) Ich habe noch in Tibet damit begonnen und 1954 und 1956 zwei Kalachakra-Initiationen im Palast Norbu Lingka , etwas außerhalb von Lhasa, zelebriert und in den Jahren des Exils das Geben der Kalachakra-Initiation fortgesetzt, so auch in zahlreichen Orten Indiens. Das erste Mal 1970 hier in Dharamsala, das Jahr darauf zelebrierte ich es in den tibetischen Flüchtlingssiedlungen von Bylakuppe, im Staat von Karnataka. In der Folgezeit habe ich Kalachakra-Initiationen in immer kürzeren Abständen gehalten: in Bodh Gaya und in Sarnath, das sind beides besondere heilige Orte für uns Buddhisten, da beide mit dem Leben und der Lehre Buddha Shakyamuni in Verbindung stehen. Darüber hinaus war ich in vielen Regionen des Himalaya, deren Bevölkerung buddhistischen Glaubens ist und auch oft tibetischen Ursprungs, wie Ladak, Kinnaur, Sikkim, Spiti, Arunachal Pradesh und viele andere ...

Und wie viele Menschen kamen im Durchschnitt, um an dieser Initiation teilzunehmen?

Ganz unterschiedlich ... In einigen Fällen, so beispielsweise auch in Bodh Gaya im Dezember 1985 kamen über zweihunderttausend Menschen zusammen ... und bei dieser Gelegenheit kamen auch Tausende Tibeter aus Tibet, die von einer vorübergehenden politischen Öffnung der chinesischen Regierung profitierten. Auch in Sarnath im Dezember 1990 kamen über hunderttausend Menschen zusammen. Bei anderen Gelegenheiten hingegen war die Teilnehmerzahl viel geringer, besonders dann, wenn ich das Kalachakra in abgelegenen Regionen des Himalaya zelebrierte. Wie auch immer, ob es nun viele oder wenige Menschen sind, die kommen, um das Kalachakra zu erhalten: Sie möchten mit Stärke und Entschlußkraft eine positive Motivation und eine positive Verwandlung ihrer eigenen Existenz entwickeln. Das gilt nicht nur für die Gelehrten und für die Mönche, sondern auch für die allgemeine Bevölkerung, deren Buddhismuskenntnisse in der Mehrzahl der Fälle nicht sehr umfassend sind. Ich glaube, es ist eine sehr wichtige Sache, die Kalachakra-Initiation zu verleihen und sie zu empfangen. Es ist, als ob man einen Samen in die Erde streut: früher oder später keimt er aus.

In den letzten Jahren haben Sie das Kalachakra auch im Westen zelebriert ...

Ja. Begonnen habe ich damit im Juli 1981 in Madison in den Vereinigten Staaten von Amerika. Auf Anfrage einer Gemeinschaft von Exiltibetern in der Schweiz und der europäischen Buddhisten habe ich das Kalachakra erstmals in Europa zelebriert und dies später wiederholt getan. Sehen Sie, ich halte die guten Einflüsse, die sich aus der Zelebration des Kalachakra ableiten lassen, nicht nur für Tibet und die Tibeter für bedeutend ... auch in der westlichen und übrigen Welt können die Menschen ihren Nutzen daraus ziehen. Ich habe eine Ahnung, eine starke Ahnung, daß das Kalachakra auf besondere Weise an den Weltfrieden geknüpft ist. Indem wir dieses Ritual zelebrieren und daran teilhaben, werden tiefe positive Energien in Bewegung gesetzt, positiv für die innere Ruhe und positiv im Hinblick auf die Entwicklung einer religiösen, aber auch gesellschaftlichen Weltvision, die auf Werten wie der Toleranz, der Solidarität, der Verständigung und des Dialogs basiert. Für diesen Aspekt religiöser Praxis setze ich mich mit allen Kräften ein, denn ich glaube, dies ist ein Beitrag, den wir Buddhisten für die ganze Menschheit leisten können.

Wie dem Tod gegenübertreten? Der „Geist des Klaren Lichtes"

In den letzten Jahren ist im Westen der Tod in gewisser Weise ein Modethema geworden. Während man einst fast jede Erwähnung des Todes tabuisierte, ist er heute Gegenstand von Versammlungen, Büchern und Debatten. Innerhalb dieser Aufmerksamkeit wird die Auffassung des tibetischen Buddhismus über den Tod mit großem Interesse verfolgt. Das Tibetische Totenbuch zum Beispiel wurde in zahlreiche Sprachen übersetzt. Eure Heiligkeit, halten Sie es für sinnvoll, wenn Nicht-Tibeter diesen Text lesen?

Offen gestanden nein. Sehen Sie, die Schrift, die im Westen unter dem Titel „Das Tibetische Buch der Toten" bekannt ist, heißt im Original *Bardo Thödröl.* Eine exakte Wiedergabe würde mehr oder weniger „Selbstbefreiung durch Hören im Zwischenzustand" lauten. Auch für Tibeter ist das Buch keine einfache Lektüre. Im Gegenteil, die Schrift ist so vielschichtig, daß man sie zusammen mit einem erfahrenen Meister lesen muß, der ihre Unterweisungen und Geheimnisse kennt. Es handelt sich um sehr schwierige Lehren, die genau verstanden werden müssen, um Verwirrungen zu vermeiden. Ich halte also eine Lektüre dieses Buches für sehr schwierig. Es könnte mehr Verwirrung als Klarheit erzeugen.

Ich kenne im Westen junge Anhänger des Tibetischen Buddhismus, die wirklich ihren Eltern, in der Stunde ihres Todes, aus dem Bardo Thödröl *vorgelesen haben …*

Mit allem Respekt für die Motivation dieser Leute, ich glaube, selbst wenn sie von höheren Absichten beseelt sein sollten, tragen sie mit ihrer Lektüre nicht zu einer Verbesserung bei.

Warum?

Weil es sehr wichtig ist, einem sterbenden Menschen zu ermöglichen, so heiter und friedlich wie nur möglich sterben zu können. Wenn er also die Lehren des *Bardo Thödröl* kennt, wenn er die Meditiationspraktiken zeitlebens ausgeführt hat ..., mit anderen Worten, wenn er mit dieser Welt von Symbolen, Sprachen und Meditationsformen vertraut ist, wird er Vorteile daraus schöpfen können und zuhören. Gleich nachdem seine physischen Aktivitäten aufgehört haben, werden die Unterweisungen aus dem Totenbuch seinem Geist behilflich sein, sich in dem Zwischenzustand zwischen dem Tod und der darauffolgenden Wiedergeburt zurecht zu finden. Aber wenn diese Voraussetzungen nicht vorhanden sind – und ich glaube verstanden zu haben, daß dies in dem von Ihnen zitierten Beispiel nicht der Fall ist –, dann ist es besser, diese Schrift nicht zu lesen und den Sterbenden all unsere Zärtlichkeit und Liebe spüren zu lassen.

Von dem Tibetischen Totenbuch einmal abgesehen, welche Position bezieht der Vajrayana-Buddhismus in bezug auf den Tod?

Früher oder später werden wir alle sterben, auch wenn dies ein Umstand ist, der uns nicht gefällt, auch wenn wir es lieber sehen würden, daß es nicht so wäre, es ist die bittere Realität. Deshalb ist es so wichtig, sich den Tod bewußt zu machen und nicht unvorbereitet auf ihn zu treffen.

Was heißt das?

Das heißt, wenn wir beginnen, über die Gewißheit des Todes nachzudenken, werden wir jede mögliche Kraftanstrengung aufbringen, uns für die Zukunft vorzubereiten. Praktizierende des Buddhismus, insbesondere Praktizierende des *tantra* machen in ihren Meditationen jeden Tag Erfahrungen mit dem Tod. Es ist ein bißchen wie jeden Tag auf geistigem Niveau zu sterben. Wenn wir uns angewöhnen, von Anfang an den Tod in unser Denken einzubeziehen, gerade wenn unser Leben erfüllt ist und wir uns bester Gesundheit erfreuen, werden wir in dem entscheidenden Moment am Ende unserer jetzigen Existenz in der Lage sein, ihm klug zu begegnen; wir werden in der Lage sein, wie soll ich sagen, unsere geistige Aktivität zu kontrollieren. Sehen Sie, die Meditation über den Tod gründet sich in der Theorie des Karma. Wie wir eben gesehen haben, nehmen wir im Buddhismus ein geistiges Kontinuum an, eine Bewußtseinsform, die sich von Existenz zu Existenz, von Leben zu Leben reinkarniert. Unter diesem Gesichtspunkt ist die Vorbereitung auf den Tod von großer Bedeutung, denn in gewisser Weise ist die Todeserfahrung eine der Hauptsachen, die uns erwartet. Wenn die Gegenwart nur eines unserer zahlreichen Leben ist, dann ist es auf der einen Seite nicht so wichtig, sich neurotisch an dieses Leben zu hängen, auf der anderen Seite sind wir uns aber bewußt darüber, daß wir mit unseren jetzigen Taten, mit unserer gegenwärtigen geistigen Verfassung die Zukunft vorbereiten. Durch unsere Meditationen über den Tod und über die Unbeständigkeit der Phänomene bereiten wir uns darauf vor, Momenten der Veränderung eines Zustandes mit einer inneren Haltung von Offenheit, Ruhe und Klarheit entgegenzutreten. Wenn der Tod uns in dieser Haltung antrifft, anstatt in einer Haltung voller Panik und neurotischer Anhaftung, werden wir in der Lage sein, diesen heiklen Zwischenzustand mit der notwendigen geistigen Offenheit und Klarheit zu durchqueren. Dies ist ein Zustand, der das Ende einer Existenz vom Anfang der darauffolgenden trennt. Sehen Sie, wenn es so wichtig ist, im Leben heiter zu sein, dann ist es um so wichtiger, sich diese Heiterkeit im Sterben zu bewahren. Im Buddhismus gibt es viele Belehrungen, die sich mit der Vorbereitung auf den Tod beschäftigen; sie sind sowohl in den Schriften der *sutra* als auch der *tantra* enthalten. Und alle diese Belehrungen beharren auf der Tatsache, daß wir uns durch unseren ganzen Lebensverlauf hindurch die Existenz des Todes vergegenwärtigen müssen. Wenn wir über diese Evidenz nachdenken und meditieren, dann werden wir die unbeständige Natur der Phänomene besser verstehen, und es wird uns leichter fallen, eine Haltung zu entwickeln, die an materiellen Dingen nicht anhaftet. Wir werden mit größerer Klarheit sehen können, wie sehr unsere Lebensqualität von unserem inneren geistigen Bewußtsein abhängt und nicht von materiellen Faktoren. Vielleicht ist es nicht sehr erfreulich, daran zu erinnern, aber in höchstens sechzig oder vielleicht noch weniger Jahren wird niemand mehr von uns am Leben sein, niemand, der dieses Interview liest, wird noch existieren, zumindest nicht in seinem gegenwärtigen physischen Körper. Gedanken wie diese entziehen sich unserem täglichen Bewußtsein, oder besser, es gibt einen Teil in uns, einen Teil in unserem Geist, der nicht darüber nachdenken möchte. Aber es ist ein schwerwiegender Fehler, sich nicht der Präsenz des Todes bewußt zu sein. Den Gedanken an den Tod zu verdrängen nützt uns gar nichts, sondern ermutigt uns noch, hinsichtlich unserer spirituellen Praxis träge zu werden. Es gibt eine Art angeborener Trägheit in jedem von uns, die uns mehr oder weniger bewußt täuscht; eine Art innerer Stimme, die uns einflüstert, von unseren Meditationen abzulassen, die uns einzureden versucht, wir könnten uns später noch um unser Wachsen kümmern. Diese Gefühle der Trägheit können sehr stark werden. Sie können uns von unserem spirituellen Pfad ablenken. Wenn wir uns aber täglich in Erinnerung rufen, daß alles, was wir erfahren, unbeständig ist, daß der Tod uns jeden Moment ergreifen kann, daß wir uns über nichts so gewiß sind, wie über die Tatsache, daß er eines Tages eintreten wird, so glaube ich, daß dieses Bewußtsein uns eine große Hilfe dafür sein kann, unseren spirituellen Pfad, unsere religiöse Praxis sofort und ohne Zaudern zu beginnen. Ich möchte die Behauptung aufstellen, daß es schwierig sein wird, den spirituellen Weg des *Dharma* einzuschlagen, wenn wir uns nicht ernsthaft mit dem Tod auseinandersetzen. Nicht an den Schmerz, an die Leiden und an den Tod zu denken wird ganz sicherlich nicht dazu führen, diesen Lebensaspekten im Verlauf unserer Existenz nicht zu begegnen. Im Gegenteil, wir werden sie verändern und vermeiden können, indem wir ihre Ursachen begreifen. Nur indem wir über den Ursprung des Schmerzes und über die Natur der Unbeständigkeit meditieren, werden wir unsere Leben verbessern können. Es geht nicht darum, pessimistisch zu werden, sondern darum, die Wirklichkeit anzuerkennen. Man könnte hier den Eindruck gewinnen, ein praktizierender Buddhist, der ständig über den Tod meditiert, drücke eine negativ besetzte und pessimistische Lebenseinstellung aus. Aber so ist es nicht. Im Gegenteil: über den Tod und die Unbeständigkeit nachzudenken macht unser Leben viel bedeutender und ersprießlicher, und wie ich schon vorher sagte, es erlaubt uns, unser Ziel vorbereitet und ohne Bedauern zu erreichen.

Könnten wir somit sagen, unser ganzes Leben sei nichts anderes als die Vorbereitung auf den Tod? Von dem Moment an, in dem wir zu Welt kommen, beginnt eine Art Umkehrung hin zu unserem Ende?

In gewisser Weise ist das wahr. Es gibt kein Lebewesen, das sich nach seiner Geburt vom Tod entfernt. Statt dessen nähern wir uns dem Moment des Todes mit jedem Tag, mit jeder Stunde, mit jeder Sekunde. Wie der Lama Tsong Khapa einmal sagte, der Prozeß der Annäherung an den Tod beginnt unmittelbar nach der Empfängnis. Insofern haben Sie recht, es ist eine Art Umkehrung, der wir uns absolut bewußt sein müssen. In Wirklichkeit ist es so, als wenn wir zu einer langen Reise aufbrechen müßten. Wir müssen Vorhaben und Vorbereitung sorgfältig planen, um Probleme zu vermeiden. Das bedeutet aber nicht, daß unser Leben von dem Gedanken an den Tod besessen sein muß – das wäre völlig falsch. Ich meine vielmehr damit, daß wir die Hälfte unserer Zeit auf die Vorbereitung eines zukünftigen Lebens verwenden und die andere Hälfte uns sorgfältig um unser gegenwärtiges Leben kümmern. Die Grundlage unserer ganzen spirituellen Praxis ist das Bewußtsein für den Tod, das sollte klar sein. Wenn wir dieses Bewußtsein nicht entwickeln, werden alle anderen Aspekte unseres inneren Weges darunter leiden. Ich glaube, das Sprechen über diese Inhalte ist relativ einfach – zu sprechen über Inhalte wie beispielsweise die Unbeständigkeit oder die Unabwendbarkeit des Todes; zumindest einfach für diejenigen, die die Grundlagen der buddhistischen Religion akzeptieren: die Vier Edlen Wahrheiten. Eine andere Sache ist es aber, diese Meditationen wirksam in sein tägliches Leben zu integrieren. Das ist viel schwieriger und vielschichtiger. Es geht, wie ich Ihnen sagte, darum, den Tod täglich zu erfahren ... während der Meditationen in diesen Zustand „einzutreten" ... und nicht immer können wir bedeutsame Veränderungen auf unserer Bewußtseinsebene bemerken. Oftmals kommt es uns so vor, als würden wir uns keinen Schritt vorwärts bewegen, als würden wir nicht über unseren Ausgangspunkt hinaus gelangen.

Warum?

Veränderungen im Geistigen sind nicht einfach zu erlangen. Es braucht viel Zeit, Entschlossenheit und Geduld, und selbst von dem Moment an, in dem sie beginnen, dauert es ziemlich lange, bis sie wirklich stattfinden. Wir sprechen hier nicht von Wochen oder Monaten. Die Veränderungen dann wahrzunehmen, ist auch nicht gerade leicht. Voller Aufmerksamkeit müssen wir in uns hineinschauen und voller Klarheit müssen wir begreifen, was sich in welchem Maße verändert hat.

Eure Heiligkeit, Sie haben davon gesprochen, wie essentiell wichtig es für einen Menschen ist, in Heiterkeit sterben zu können ...

Sehen Sie, wenn der letzte Atem ausströmt und der Tod über uns kommt, dann ist es sehr wichtig, daß der Geist in einem Zustand der Ruhe und Heiterkeit sein kann. Es ist unsere letzte Gelegenheit, und es ist eine Gelegenheit, die wir nicht verpassen sollten. Für den Sterbenden kann es eine große Hilfe sein, Familienangehörige und religiöse Menschen um sich zu haben, Menschen, die ihm positive Energien verleihen können. In Tibet versucht man traditionellerweise eine solche Situation um denjenigen herum herzustellen, der gerade seinen Körper verläßt. Dazu gehört es auch, im Zimmer des sterbenden Menschen Bilder von Buddha oder anderen Göttern aufzustellen, um die ganze Energie und den Frieden, die von diesen Bildern ausgehen, auf den Sterbenden zu übertragen. Es ist wichtig, daß sich der Übergang unter den bestmöglichen Bedingungen vollzieht, so daß der Geist des in den Tod eintretenden Menschen heiter, ruhig und frei von negativen Empfindungen wie Haß, Anhaftung und Angst ist.

Könnten Sie uns vielleicht zusammenfassend die Hauptphasen des Sterbeprozesses erklären, wie sie in der tibetischen Tradition aufgefaßt werden?

Nach dem Tod tritt man in den Zwischenzustand ein, in den *bardo*, aber schon vor dem eigentlichen Tod erscheinen Anzeichen, die auf die Art der nachfolgenden Wiedergeburt verweisen.

Was sind das für Anzeichen?

Es ist so, als ob sich die körperliche Wärme konzentriert, oder besser gesagt, als ob sie sich in eine bestimmte Körperregion zurückzieht. Je nachdem, wohin sich die körperliche Wärme verlagert, kann sie allgemeine Aufschlüsse über die nachfolgende Wiedergeburt geben. Wenn sich die Wärme von unten nach oben verlagert, wird dies als ein Zeichen für eine positive Reinkarnation gedeutet, während das Gegenteil als negativ aufgefaßt wird. Das ist jetzt sehr allgemein gesprochen, aber wenn man sich mit dem Tod beschäftigt, dann sollte man über bestimmte Kenntnisse komplexer Strukturen des Organismus verfügen, man sollte wissen, welche Auffassung der Buddhismus vom Organismus hat.

Was heißt das?

Der Buddhismus spricht über den physischen Körper hinausgehend von einer „mythischen" Physiologie, die mit bloßem Auge nicht betrachtet werden kann, aber eine Reihe wichtiger Funktionen ausübt. Sowohl in den Schriften der *sutra* als auch der *tantra* sind hierzu Erklärungen enthalten. Diese sehr differenzierte Lehre können wir hier unmöglich in wenigen Worten zusammenfassen. Deshalb soll es hier genügen, den Sachverhalt knapp darzustellen. In dieser Physiologie spricht man von unzähligen Winden, von Tropfen und von Kanälen, feinen Charakteristika des Organismus, die von großer Bedeutung sind. Was die Kanäle zum Beispiel betrifft, so gibt es viele Hunderttausend von ihnen, aber nur drei Hauptkanäle: einen zentraler Kanal, der vom Kopf bis zum Ende der Wirbelsäule verläuft, und zwei seitliche Kanäle, die rechts und links davon fließen. Was die Winde betrifft – auch davon finden wir eine große Anzahl beschrieben –, so sind insgesamt zehn am bedeutendsten: fünf Primärwinde und fünf Sekundärwinde ... Die Tropfen werden in rote und weiße unterschieden. Die unterschiedliche Bewegung all dieser Bestandteile im Inneren des Organismus führt dazu, daß der Sterbeprozeß von Individuum zu Individuum variieren kann. Wichtig dabei ist, zu beachten, daß es innerhalb dieses Sterbeprozesses verschiedene Phasen gibt, und während dieser Phasen lösen sich eine Reihe von Faktoren allmählich auf. Können Sie mir noch folgen?

Ja und Nein ...

Ich werde versuchen, es besser zu erklären. In den verschiedenen Stadien, in die sich der Sterbeprozeß unterteilt gibt es fünfundzwanzig Faktoren, die sich auflösen. Es handelt sich um die fünf Aggregate: die Körperlichkeit, die Empfindungen, die Wahrnehmung, die psychischen Formationen und das Bewußtsein. Dann kommen die vier Elemente: Wasser, Luft, Erde und Feuer. Darauf folgen die sechs Sinnes-Quellen: das Sehvermögen, der Gehörsinn, der Geruchssinn, der Geschmackssinn, der Tastsinn und der Geist. Und schließlich haben wir die fünf Objekte: die Formen, die Klänge, die Gerüche, die Geschmäcker, und alles was wir berühren können. Zum Schluß kommen die fünf Weisheiten: die ursprüngliche Weisheit, die so rein ist wie ein Spiegel, die Weisheit der Wesensgleichheit, die unterscheidende Weisheit, die alles vollendende Weisheit und die Weisheit der Natur der Phänomene.

Die Abstufung dieses Auflösungsprozesses ist für alle Menschen gleich, die in den Prozeß des Sterbens eingetreten sind?

Nein. Der Verlauf des Prozesses ist davon abhängig, wie man zum Augenblick des Todes gelangt. Die verschiedenen Phasen des Prozesses werden extrem schnell verlaufen, wenn beispielsweise eine lange Erkrankung einem Patienten großen Schaden zugefügt hat oder der Tod gewaltsam durch einen plötzlich sich ereignenden Unfall oder gar Mord, verursacht wurde. Im Falle eines angenehmeren Todes, der langsamer eintritt, also in einem weniger beschädigten Organismus, werden die acht verschiedenen Phasen schrittweise erfolgen. Der Sterbende wird so die Lehren über den Tod, die er im Laufe seines Lebens erhalten hat, in die Praxis umsetzen können. Um es mit wenigen Worten zu sagen: In allen diesen Phasen ereignen sich bestimmte Auflösungen, und das Bewußtsein durchlebt eine Reihe von Visionen. Jede dieser Visionen charakterisiert ein bestimmtes Stadium. Wenn es, dank der erhaltenen Lehren, möglich ist, das Bewußtsein in diesen Auflösungsphasen aufrechtzuerhalten, dann sind wir in der Lage, auf irgendeine Weise unsere nachfolgende Inkarnation zu beeinflussen und uns an vieles aus unserer vorhergehenden zu erinnern. Am Ende dieser acht Phasen erscheint unserem Bewußtsein die Vision des ursprünglichen Geistes, des Geistes, von dem alle anderen ausgehen, ein Geist, der seit anfangsloser Zeit ohne Anfang in jedem Individuum gegenwärtig ist und der sich im Prozeß der nachfolgenden Inkarnationen unaufhörlich fortsetzt, ein Prozeß, der nur mit der Erlangung der Erleuchtung beendet werden kann.

In welcher Weise erscheint diese Geistesvision im Bewußtsein des Sterbenden?

In Form eines klaren Lichtes. Er wird auch „Geist des Klaren Lichtes" genannt. Wenn man unter angenehmeren Umständen sterben kann, von denen ich gerade gesprochen habe, dann verweilt man mehr oder weniger für drei Tage in dem Stadium des „Geistes des Klaren Lichtes". Es gibt allerdings auch Fälle, in denen es großen Meditierenden gelungen ist, über Wochen und Monate in diesem Stadium zu verweilen, und das kraft ihrer Meditationen, in denen sie Jahre um Jahre den ganzen Prozeß des Sterbens immer wieder erfahren haben. Auch hier im Exil haben wir solche Fälle angetroffen, und dies trotz des heißen Klimas hier in Indien.

Sprechen Sie gerade von Menschen, deren Körper nicht zerfallen sind, obwohl sie nicht mehr am Leben waren?

Genau ... Ich spreche von Menschen, deren Körper klinisch betrachtet tot waren, in deren Körper kein Atem mehr zu verspüren war und die dennoch wochenlang keine Anzeichen von Verwesung aufwiesen. Natürlich gibt es nur sehr selten Meister und Meditierende, die dazu fähig sind, eine solche geistige Kontrolle aufrechtzuerhalten.

Wann endet die Vision vom „Geist des Klaren Lichtes"?

Wenn man von diesen besonderen Fällen einmal absieht, im allgemeinen nach circa drei Tagen. Dann beginnt das Bewußtsein die acht Stadien, die die Auflösung begleitet haben, in umgekehrter Richtung zu durchlaufen, bis es schließlich in dem entsprechenden Stadium der nachfolgenden Wiedergeburt anlangt.

Wie lange dauert diese Reise des Bewußtseins durch den Zwischenzustand nach dem Vajrayana-Buddhismus?

Sie dauert mindestens sechs bis höchstens neunundvierzig Tage. Wenn das Bewußtsein in Übereinstimmung mit dem Karma eine angemessene Situation einer neuen Reinkarnation erlangt hat, dann kann bereits nach einer Woche die Wiedergeburt erfolgen ... Ist dies nicht der Fall, kann das Bewußtsein bis zu insgesamt neunundvierzig Tagen im Zwischenzustand bleiben. In dieser Zeitspanne wird es sich von neuem inkarnieren.

Eure Heiligkeit, nachdem Sie uns jetzt so vieles über das Sterben gesagt haben – könnten wir mit der Behauptung schließen, daß der Tod eine psychische Erfahrung ist, eine wirklich faszinierende psychische Erfahrung?

Sehen Sie, wir sollten begreifen, daß der Tod nichts anderes ist als die Ablösung des Bewußtseins von einem bestimmten physischen Körper. Indem das Bewußtsein diesen physischen Körper verläßt, tritt es in einen anderen ein. Wie das geschieht, habe ich Ihnen zusammengefaßt beschrieben. Es handelt sich um einen unaufhörlichen Prozeß, der nur durch Erreichung der Buddhaschaft überwunden werden kann. Es sind nur unsere Unwissenheit, unser egozentrisches Verhaftetsein und unsere Perspektivelosigkeit, die dem Tod alle tragischen Bedeutungen aufbürden, mit denen er besetzt ist. Damit können wir zu dem Ausgangspunkt unseres Gesprächs zurückkehren. Ich habe hervorgehoben, wie wichtig es ist, sich dem Tod zu stellen, sich seiner „Erfahrung" zu stellen. Sie sagten, wir könnten geradezu von einer „faszinierenden" Erfahrung sprechen. Ich weiß nicht, ob wir von einer „faszinierenden" Erfahrung sprechen sollten, aber wenn wir dem Tod vorbereitet gegenübertreten, dann wird er sich als sehr nützlich erweisen, insofern er uns auf eine bessere Wiedergeburt vorbereiten wird. Wenn uns aber der Tod unvorbereitet und überraschend antrifft, dann kann er auch zu einer schrecklichen Erfahrung werden. Die Visionen, denen wir im *bardo* begegnen, können uns terrorisieren, und unsere nachfolgende Wiedergeburt kann negativ durch diese Erfahrungen gezeichnet sein. Deshalb ist es von so fundamentaler Bedeutung, sich auf den Augenblick des Todes vorzubereiten, ihn gut zu begreifen und zu verstehen, was er wirklich ist. Wir müssen vor allem – jetzt wiederhole ich es noch einmal, weil es wirklich begriffen werden muß – wir müssen den Prozeß des Sterbens während unserer Meditationen erleben. Wir müssen hundertmal in unseren Übungen „sterben", um fähig zu sein, bewußt sterben zu können, wenn der Augenblick ernsthaft eintreten wird. Es ist eine schwierige Unterweisung, die Hingabe, Anstrengung und Beständigkeit erfordert, und gerade deshalb sollte man so früh wie nur möglich damit beginnen, nämlich dann, wenn wir noch genügend Zeit vor uns haben.

Das heißt also, wenn wir den Sinn des Lebens verstehen wollen, dann müssen wir zuvor den des Todes begreifen?

Ich glaube, den Sinn des Lebens wirklich zu erfassen heißt, einen Zustand anzustreben, der über Krankheit, Leid und Gebrechlichkeit hinaus zu einem Zustand von absoluter Freiheit und Ganzheit führt. Um dahin zu gelangen, müssen wir viele Dinge verstehen. Vor allem müssen wir verstehen, was der Tod bedeutet und was dieser wirklich ist und wie wir ihn auf die beste Weise transzendieren können.

Das Fremde kennenlernen, ohne das Eigene zu vergessen: die Begegnung zwischen Ost und West

Die chinesische Invasion in Tibet in den fünfziger Jahren hat eine Gesellschaft und Kultur zerstört, die bis an die Schwelle zum dritten Jahrtausend auf wundersame Weise intakt geblieben war. Aber die chinesische Okkupation hat bei all dem Leid, das sie verursacht hat, auch etwas Positives bewirkt: die Verbreitung der tibetischen Spiritualität weit über die Grenzen des Schneelandes hinaus. Die Präsenz einer so großen Zahl tibetischer lamas *und* yogi *im indischen Exil ermöglichte es dem Westen, sich den Ausübenden einer Lehre zu nähern, die ihm vorher so gut wie unzugänglich war. Wie beurteilen Sie die Begegnungen zwischen dem Westen und dem Vajrayana-Buddhismus und, allgemeiner gefaßt, die Begegnung zwischen dem Osten und dem Westen, die sich mit immer stärkerer Intensität seit fast vier Jahrzehnten vollzieht?*

In der Tat befand sich Tibet vor der chinesischen Invasion in einer selbstgewählten Isolation. Ich persönlich meine, daß es ein Fehler war, sich auf diese Weise zu isolieren ... Wenn wir eine andere Politik verfolgt hätten, hätten wir vielleicht mehr Möglichkeiten gehabt, uns der chinesischen Bedrohung zu widersetzen. In bezug auf die Kenntnis und Verbreitung des Vajrayana-Buddhismus hat sich die Situation in den letzten dreißig Jahren radikal verändert. Wie Sie gerade erwähnt haben, hat die Präsenz zahlreicher großer spiritueller Meister aus Tibet in Indien und Nepal es zahlreichen, vor allem jungen Menschen aus dem Westen ermöglicht, mit wahren Meistern der tibetischen Spiritualität in Kontakt zu kommen. Tausende junger Männer und Frauen aus dem Westen, die in den sechziger und siebziger Jahren nach Indien und Nepal kamen, begegneten *lamas* von höchster Abstammung, die ihrerseits vielleicht zum ersten Mal in ihrem Leben auf Studenten trafen, die nicht aus Tibet kamen. Ich glaube, in diesen Jahren ist ein Austausch zwischen der tibetischen Kultur und dem Westen entstanden, der für beide Seiten von Nutzen war und noch ist …

Vor allem für den Westen?

Nein, nicht nur für den Westen … auch für uns Tibeter ist diese Begegnung wichtig gewesen. Ich meine, daß die übertriebene Abschottung ein negativer Aspekt des alten Tibet war. Die Begegnung mit der modernen Welt, mit dem Westen, die unmittelbar nach unserer Ankunft in Indien begann, war von großer Bedeutung für uns. Sie erlaubte uns, viele Dinge zu begreifen, die wir zuvor gemieden hatten.

Welche Dinge im besonderen?

Verschiedene. Zum Beispiel die Komplexität der Funktionsabläufe der modernen Welt, die besondere Bedeutung technischer Errungenschaften usw. Wichtig war sicherlich die Begegnung mit Idealen und Praktiken der Demokratie.

Dies ist doch wohl auch ein Verdienst Indiens, das die Mehrzahl der tibetischen Flüchtlinge aufgenommen hat.

Ohne Zweifel. Indien, die größte Demokratie der Welt, hat uns voll Sympathie und Herzlichkeit aufgenommen, und wir haben von Anfang an beobachten können, was es heißt, in einem demokratischen Land zu leben, und wie ein demokratisches Land funktioniert. Aber man sollte nicht vergessen, daß zahlreiche Merkmale des demokratischen Systems und der demokratischen Kultur Indiens zweifelsohne dem Demokratieverständnis des Westens zu verdanken sind. Diese und noch andere Dinge haben wir vom Westen gelernt, und ich glaube, daß wir Tibeter heute, nach weiteren dreißig Jahren seit dem Beginn der Begegnungen reicher sind.

Und der Westen? Was meinen Sie, hat er von der tibetischen Kultur übernommen?

Vor allem die Spiritualität. In der tibetischen Welt hatten die innere Suche und religiösen Erkenntnisse schon immer einen hohen Stellenwert. Wir können sagen, daß die Klöster Tibets echte und wahrhafte spirituelle Universitäten waren, aus denen Studenten hervorgingen, die dort Jahrzehnte in Studium und spiritueller Praxis verbracht haben. Im traditionellen Tibet gab es Tausende Meditierende, *yogi*, klösterliche und als Laien Praktizierende, die ihr ganzes Dasein der inneren Erkenntnis und dem Studium der buddhistischen Philosophie und Psychologie widmeten. Ich glaube, diese Leute schufen einen der wertvollsten Schätze im kulturellen Erbe Asiens. In Tibet selbst war es für Menschen aus dem Westen eher schwierig oder fast unmöglich, diese Meister zu treffen. Einmal in Indien angekommen, ist es für Ausländer viel einfacher gewesen, bei ihnen zu studieren. Ich glaube es war ein Vorteil für die Leute aus dem Westen, die auf der Suche nach neuen Dimensionen des Geistes bis nach Indien kamen, daß sie die Lehre von so bedeutenden *lamas* vermittelt bekamen.

Für die Mehrheit derjenigen, die besonders in den siebziger Jahren nach Indien und Nepal kamen, stand der Osten anfänglich eher für die Möglichkeit, mit relativ großer Freiheit einen nonkonformen Lebensstil zu praktizieren und nicht engagiert und konsequent einem religiösen Pfad zu folgen.

So war es, ... aber wie sie sehen, folgt das Gesetz des Karma unergründlichen Wegen! (Lacht) Mit der chinesischen Invasion haben wir Tibeter alles verloren, unsere Kultur auf dem Dach der Welt ist beinahe vollständig zerstört worden, aber infolge dieser Zerstörung konnte sie sich tatsächlich in vielen anderen Teilen dieses Planeten verbreiten. Junge Menschen aus dem Westen waren bis hierher gekommen, um hier als Hippies zu leben, und einen, wie soll ich sagen, ziemlich wilden Lebensstil zu führen. Sie trafen hier auf Lamas, die dann oftmals die

Lebensgewohnheiten ihrer jungen Anhänger völlig verändert haben. Und daraufhin ist ein beachtliches Interesse für das gesamte Tibet entstanden, ... man interessierte sich nicht nur für die Spiritualität, sondern auch für die Künste, das Theater, die Medizin und für die politische Situation in Tibet. Ich habe den Eindruck, daß im Verlauf der Jahre das Interesse für die tibetische Kultur im Westen zugenommen und sich nicht verringert hat, und das bereitet mir ehrlich gesagt große Freude.

Sie meinen also, daß es sich hierbei nicht nur um eine Modeerscheinung handelt?

Es scheint mir nicht so zu sein. Die Mode ist etwas Vergängliches; sie dauert eine Saison oder zwei an, verschwindet dann und wird komplett vergessen. Aber sehen Sie, es gibt Menschen aus dem Westen, die schon seit über zwanzig Jahren den Vajrayana-Buddhismus praktizieren. In verschiedenen Fällen wurde der traditionelle spirituelle Rückzug von drei Jahren durchgeführt und andere haben das Geshe-Diplom erlangt, einen Titel für das Studium des Buddhismus, der schwierig zu erreichen ist. Und es gibt wiederum andere Fälle, in denen westliche Praktizierende selbst Lama wurden und buddhistische Zentren zu führen begannen. Insofern glaube ich, daß man hier nicht von Modeerscheinungen sprechen kann. Ich glaube eher, wir haben es hier mit einem sehr ernsthaften Interesse zu tun. Gewiß, für den einen oder anderen mag es eine Mode sein, das ist möglich. Aber in ihrer Gesamtheit basiert die Begegnung zwischen dem Westen und Tibet auf wirklichem Interesse.

Würden Sie das auch verallgemeinern? Es ist doch nicht nur Tibet alleine, das dieses Interesse hervorruft, sondern der ganze traditionelle und religiöse Osten: Indien, Japan, der asiatische Südosten ...

Das stimmt. Manchmal scheint es, daß sich die Menschen aus dem Westen mehr für die spirituellen Aspekte asiatischer Kulturen interessieren als die Menschen aus dem Osten selbst. Wenn ich diese oft noch jungen Menschen aus dem Westen dabei beobachte, wie sie östliche Religionen und Philosophien studieren, kommt es mir oft so vor, als habe die asiatische Jugend ihre Kultur völlig vergessen.

Dennoch sprach Rudyard Kipling davon, daß der Osten Osten bleibt und der Westen Westen und sie sich nie begegnen werden ...

Aber sie sind sich doch begegnet. Gewiß, jetzt ist es noch zu früh zu wissen, wohin diese Begegnung führen wird, wir werden erst nach einer weiteren Zeitspanne darüber urteilen können. Aber mit Sicherheit können wir sagen, daß eine Begegnung stattgefunden hat, die in ihrer Vielschichtigkeit mehr positive als negative Früchte trägt. Von Bedeutung ist es, Maß zu halten ... und Verletzungen zu vermeiden, die nicht die Grundlage einer wirklichen Begegnung sein können.

Was heißt das?

Wie sehr man sich auch für andere Kulturen und andere Zivilisationen interessieren mag, man sollte dabei niemals vergessen, aus welcher Kultur man ursprünglich stammt. Damit möchte ich nicht sagen, daß es für einen Japaner, für einen Koreaner oder für einen Tibeter nicht möglich wäre, westliche Verhaltensmuster und Mentalitäten anzunehmen oder daß es umgekehrt für einen Europäer oder Amerikaner nicht möglich wäre, östliche Religionen auszuüben. Aber sowohl die einen als auch die anderen müssen sich immer im klaren darüber sein, daß sie sich anpassen müssen, ... daß Schwierigkeiten überwunden werden müssen. Es ist möglich, aber es braucht seine Zeit, um verinnerlichte Denk- und Anschauungsweisen zu modifizieren.

Es gibt Leute, die meinen, daß es nicht möglich sei, den eigenen kulturellen Kodex abzustreifen, um sich den einer anderen Tradition anzueignen.

Über diesen ziemlich heiklen Aspekt sollte man sich sehr gut verständigen. Wenn wir zum Beispiel die Geschichte der Religionen betrachten, dann ist es offenkundig, daß sich die Mehrheit der Religionen jenseits der Orte weiterentwickelt hat, in denen sie ursprünglich entstanden sind. Denken Sie an den Islam, der, auf einer asiatischen Halbinsel entstanden, überall auf der Welt vertreten ist. Oder denken Sie an das Christentum, ... oder schauen wir uns den Buddhismus an. Obwohl er in Indien entstanden und „gewachsen" ist, hat er sich in völlig anderen Ländern als Indien verbreitet und ist dort heute sogar wieder so gut wie verschwunden, während er zur Hauptreligion in Tibet und in zahlreichen anderen asiatischen Staaten wurde.

Von religiösen Traditionen einmal abgesehen sehen wir heute, wie westliche Philosophien und politisch-ökonomische Systeme, beispielsweise der Kommunismus und der Kapitalismus, in Teilen der Welt regieren, die sich jenseits des Westens ausbreiten. Denken wir an China ...

Genau. Und das beweist, daß Religionen und Lebensstile von außen in Länder gelangen können und viel stärker Teil ihrer Kultur werden können als in den Ländern, aus denen sie ursprünglich stammen. Das war der Fall in Tibet. Der Buddhismus, der aus Indien kam, hat unsere Kultur und unsere Zivilisation vollständig durchdrungen. Wir müssen hinzufügen, daß sich diese Veränderungsprozesse über lange Zeiträume hinzogen. Wenn wir bei dem Beispiel Tibets bleiben, können wir sehen, wie der *buddhadharma* fast über drei Jahrhunderte gebraucht hat, um feste Wurzeln in Tibet zu schlagen. Aber es ist nicht nur eine Frage der Zeit, es ist auch ein Prozeß der Assimilation von vorher bestehenden Kulturen, der berücksichtigt werden muß. Es gibt immer einige Aspekte einer Kultur, in der eine Religion oder eine Denk- und Anschauungsweise sich verbreitet, die in einem bestimmten Maße als assimiliert betrachtet werden müssen. Zu Beginn unserer Gespräche haben wir gesagt, daß es besser sei, nicht von einem „tibetischen Buddhismus" zu sprechen, weil wir es hier nicht mit einer Form des Buddhismus zu tun haben, die sich vom *buddhadharma*, wie ihn der Erleuchtete gelehrt hat, unterscheidet. Als ich darüber sprach, bezog ich mich auf den Kern buddhistischer Spiritualität, auf die essentielle Lehre des Buddhismus. Aber im Hinblick auf äußere Aspekte sind verschiedene Elemente der alten tibetischen Kultur miteingeflossen. Dieser Sachverhalt trifft nicht allein auf Tibet zu, sondern er ist in allen Ländern gültig, in denen sich der Buddhismus verbreitet hat, in Japan, in China, in Korea ...

Ist analog hierzu ein vergleichbarer Assimilationsprozeß für den Buddhismus vorauszusehen, wenn er sich im Westen ausbreitet? Wird man also von einem „westlichen Buddhismus" sprechen müssen?

Dieser Sachverhalt gilt offensichtlich auch bei der Verbreitung des Buddhismus in der westlichen Welt. Sicherlich werden einige Angleichungen und Anpassungen stattfinden müssen und ich denke, einige haben bereits stattgefunden. Vielleicht wird man auch zwischen dem unterscheiden müssen, was sich in Europa entwickelt und dem, was sich in Nordamerika entwickelt, denn auch zwischen diesen beiden Gesellschaften gibt es manche bedeutenden Unterschiede.

Eure Heiligkeit, vor vielen Jahren, um es genau zu sagen, 1981, während des ersten Interviews, das Sie mir gaben, sprachen wir lange über die möglichen Motive, die Menschen aus dem Westen dazu bringen, den Vajrayana-Buddhismus zu praktizieren. Damals nannten sie zwei Gründe für dieses Interesse: Sie nannten einerseits die Vielfalt und Komplexität des symbolischen Ritualwesens im Vajrayana-Buddhismus und andererseits die umfassenden psychologischen und philosophischen Analysen.

Würden Sie heute nach über fünfzehn Jahren diese Antwort von damals bestätigen?

Ich würde sagen ja. Natürlich können einzeln betrachtet die unterschiedlichsten Motive dafür ausschlaggebend sein, dem Vajrayana-Buddhismus zu folgen, sie können von Individuum zu Individuum völlig variieren. Aber es scheint mir, daß ich – wie soll ich sagen – zwei große Interessensgebiete erkennen kann, eben jene, die ich damals erwähnte. Es gibt Leute, die sich von dem bemerkenswerten Reichtum tantrischer Zeremonien angezogen fühlen. Vielleicht ist bei diesen Personen das Symbolische und das Psychologische, das in diesen Ritualen seinen Ausdruck findet noch nicht in ihr Bewußtsein gerückt. Sie machen sich auf den Pfad und werden erst in dessen Verlauf die symbolischen und psychologischen Dimensionen entdecken und vielleicht überrascht darüber sein. Zu Beginn aber liegt etwas in diesen Zeremonien, in diesen Gebeten, den Tönen und Handlungen, das sie anzieht und gefangennimmt.

Entschuldigen Sie, Eure Heiligkeit, wirken diese nicht auch hypnotisierend?

Vielleicht! (Lacht) Wenn es sich zu Beginn um eine Art „Hypnose" handeln mag, so kann sie doch später in eine gelungene Praxis umgewandelt werden, vorausgesetzt ihre Beweggründe sind ehrlich. Gewiß besteht bei einer solchen Interessenslage das Risiko eines Exotismus, bei dem die Faszination des Neuen überwiegt ... genauso wie das Gefühl, in eine geheimnisvolle und magische Sache verwickelt zu sein. Aber wenn über diese ersten Empfindungen hinaus ein ehrliches Interesse entsteht, ein wirklicher Wunsch nach Praxis und Veränderung, dann glaube ich, daß diese anfängliche „Hypnose" zu positiven Ergebnissen führt. Sicherlich, viele Menschen aus dem Westen scheinen sich für das Ritualwesen des tantrischen Buddhismus zu interessieren und ziehen ihr Wohl aus der Teilnahme an tantrischen Zeremonien und Initiationen.

Manchmal hat man wirklich den Eindruck, es gäbe eine Tendenz, Initiationen regelrecht zu sammeln …

Das ist möglich. Ich rate jedoch allen davon ab, viele Initiationen zu nehmen, die nicht die Absicht haben, einen beträchtlichen Teil ihres Tagesablaufes spirituellen Praktiken zu widmen.

Warum raten Sie davon ab?

Jede Initiation verlangt besondere Verpflichtungen, Praktiken und Meditationen. Je weniger man also bereit ist, einen guten Teil seines Tagesablaufes diesen speziellen Meditationsübungen zu widmen, desto eher sollte man davon absehen. Es ist viel besser, die Meditationsübungen von ein oder zwei erhaltenen Initiationen mit dem ihnen gebührenden Ernst zu praktizieren, als eine Vielzahl von Initiationen erhalten zu haben, die man gar nicht praktiziert. Mit Ausnahme des Kalachakra – über die Gründe haben wir bereits gesprochen – ist die Initiation keine bloße Weihe, sondern ein ganz bestimmter Aspekt der spirituellen Praxis und sollte als solcher ernstgenommen werden. Wenn jemand Initiationen erhält, lediglich aus der Motivation heraus, sie zu sammeln, dann führt er unter spirituellen Gesichtspunkten keine verdienstvollen Taten aus.

Es gibt auch Menschen, die eher von den psychologischen und philosophischen Aspekten des Buddhismus angezogen werden.

Das ist ein anderer großer Personenkreis, der von *buddhadharma* fasziniert ist. Oft sind es Intellektuelle, Psychologen, Lehrer, Wissenschaftler, Forscher – alles Leute, die ein besonderes Interesse für psychologische Fragestellungen hegen, für das Studium des Bewußtseins, für die Philosophie, für die Logik … Es handelt sich um Personen, die vor allem die Funktionsweise des Geistes kennenlernen und die Dynamik des Unbewußten erforschen möchten, ein Interessentenkreis von Menschen, denen westliche Psychologie und Psychoanalyse nicht ausreichen und die ihr Studium über das Ich und über das Unbewußte mit einer spirituellen Dimension verknüpfen möchten. Diesem Personenkreis liefert der Buddhismus bemerkenswerte Denkanstöße. Er ermöglicht ihnen, in verschiedene Richtungen weiterzudenken und führt zu zufriedenstellenden Ergebnissen. Dies ist zumindest mein Empfinden. Wie Sie sehen, komme ich auch nach fünfzehn Jahren zu dem gleichen Schluß! Dennoch scheint mir, daß das Interesse für den Buddhismus aus einem tiefergehenden Unbehagen heraus motiviert ist.

Von welcher Art Unbehagen sprechen Sie?

Sehen Sie, die Menschen erfahren großes Leid. Die moderne Gesellschaft hat viele Dinge hervorgebracht, die das Leben der Menschen unter materiellen Gesichtspunkten sehr erleichtert haben. Ohne Zweifel hat sich unter diesen Gesichtspunkten die Lebensqualität in den letzten sechzig bis siebzig Jahren deutlich erhöht. Leider haben diese materiellen Verbesserungen nicht analog auch ein spirituelles und inneres Wachstum hervorgebracht. Manchmal scheint sogar, je größer der materielle Fortschritt ist, desto größer auch das innere Unbehagen. Das ist seltsam, aber es scheint sich tatsächlich so zu verhalten. Es ist eine Art von Verlangen nach materiellem und spirituellem Gleichgewicht entstanden, und eine starke Disharmonie zwischen diesen beiden Dimensionen ist die Ursache von Leid und Unzufriedenheit. Der Buddhismus kann mit seiner Philosophie des „Mittleren Weges" zwischen extremem Materialismus und zermürbender Askese eine gute Antwort auf dieses Verlangen geben. Was mich betrifft, ich ermutige immer die Menschen dazu, einem mittleren Weg zu folgen. Ich halte eine Nutzung der Errungenschaften für richtig, die die moderne Technik der Menschheit bereit hält. Gerade auch unter ethischen Aspekten befürworte ich im besonderen, daß viele für Menschen schädliche und gefährliche Arbeitsabläufe heutzutage von Maschinen ausgeführt werden können. Dies ist sicherlich einer der positiven Aspekte, den wir einer modernen

Welt zu verdanken haben. Aber die Verbesserung unserer materiellen Lebensgrundlage reicht nicht aus. Sie muß sich mit dem inneren Bewußtsein, mit dem Reichtum einer spirituellen Praxis verbinden. In letzter Konsequenz werden wir feststellen, daß die Ursprünge des Leidens in uns selbst liegen und daß nur wir selbst sie beseitigen können, indem wir uns ihnen stellen. Das ist ein Feld, auf dem sich die positiven Effekte der Begegnung zwischen Ost und West zeigen. Der Westen hat der Menschheit eine Reihe materieller Errungenschaften ermöglicht wie noch nie zuvor in der Geschichte der Menschheit. In nur wenigen Jahren ist es den modernen Technologien gelungen, die materiellen Lebensbedingungen geradezu unvorstellbar zu verbessern. Der Osten ist umgekehrt hinter diesem technologischen Fortschritt zurückgeblieben, hat aber statt dessen in größerem Maße seine spirituelle Tradition bewahren können. Ein wechselseitiger Austausch wird beiden Seiten zugute kommen.

Unter den östlichen Religionen scheint mir der Buddhismus am offensten zu sein – gerade aufgrund seines Toleranzgedankens und seiner natürlichen Fremdheit gegenüber jeglicher Form von Dogmatismus oder Integralismus.

Gewiß. In den Lehrreden Buddha Shakyamunis und aller großen Meister, die sie durch die Jahrhunderte hindurch bewahrt haben, wird immer die Wichtigkeit einer offenen Denkweise, Toleranz und Dialogbereitschaft hervorgehoben. Für Buddhisten ist es also ganz natürlich, sich dem Dialog mit Menschen anderer Denkrichtungen und Lebensauffassungen zu stellen. Genauso selbstverständlich ist es für Buddhisten, von außen soviel Wertvolles und Positives wie nur möglich aufzunehmen. Kehren wir zu den Motiven derer zurück, die sich aus dem Westen für den Buddhismus interessieren. Wir haben nämlich einen wichtigen Beweggrund übersehen, dem ich große Bedeutung zuschreibe …

Welchen meinen Sie?

Die Praxis des Altruismus und Mitgefühls, die vor allem im Mahayana-Vajrayana absolute Bedeutung gewinnt. Wenn ich Menschen aus dem Westen begegne, die gekommen sind, um meine Reden und Belehrungen zu hören, sehe ich, daß eine große Mehrheit von dem ehrlichen Willen beseelt ist, Altruismus und Mitgefühl zu praktizieren, und ihr Altruismus und Mitgefühl richtet sich nicht nur auf andere menschliche Wesen, sondern auf alle fühlenden Wesen, auch auf die Tier- und Pflanzenwelt. Ich glaube die Motivation eines *bodhisattva*, die Erleuchtung zum Wohle aller Wesen zu erlangen, wird heutzutage von großen Teilen der westlichen öffentlichen Meinung sehr geschätzt.

Unter den vielen positiven Aspekten der Ost-West-Begegnung halte ich einen für geradezu gefährlich. Ich spreche von der Tendenz einiger „Westler", sich in ein absolutes Abhängigkeitsverhältnis zu ihrem guru *zu begeben, die Tendenz, wenig vertrauenerweckende Persönlichkeiten als spirituelle Meister anzuerkennen. Manchmal wird eine Person, alleine aufgrund ihrer Herkunft aus dem Osten für einen* guru *gehalten, der über wer weiß welche spirituellen Gaben verfüge. In Wirklichkeit sind ziemlich viele dieser* guru *nichts anderes als Scharlatane.*

Sie sprechen hier zwei verschiedene Probleme an, die in einen Zusammenhang gestellt werden können. Vom buddhistischen Standpunkt aus, das haben wir bereits angemerkt, sollte man in keinem Abhängigkeitsverhältnis zu seinem *lama* stehen. Im Gegenteil, die Belehrungen eines authentischen spirituellen Meisters müßten den Schüler immer mehr und immer besser in die Lage versetzen, auf eigenen Beinen zu stehen, bis er selbst ein Meister wird. Man sollte dem *lama* gegenüber Ergebenheit und tiefen Respekt zeigen, doch das hat nichts zu tun mit psychischer und gefühlsmäßiger Abhängigkeit. Ich weiß, dies wird manchmal zu einem Problem, das man in Beziehungen zwischen östlichen Meistern und westlichen Schülern antrifft. Manchmal kommt es zu solchen Situationen, ohne daß der *lama* sie willentlich herbeigeführt hat. Dennoch glaube ich, ein wahrer spiritueller Meister kann seine Schüler leiten, und er weiß, wie er sie auf einem Weg voll Vertrauen und positivem Respekt führt, oder ihr Wachstum fördert.

Wie gelingt ihm das, Eure Heiligkeit?

Indem er in seinem Schüler das Vertrauen zu sich selbst und in seine eigenen intellektuellen Kapazitäten erweckt. Indem er ihn daran erinnert, daß in uns allen das Potential zur Erleuchtung steckt. Von Bedeutung ist, daß der Studierende sich durch seine Beziehung zu seinem Meister und seiner Lehre über das immense Potential klar wird, das in uns allen steckt, ohne dabei ein Opfer von Egoismus und Hochmut zu werden. In diesem Zusammenhang sind die Meditationstechniken und Visualisierungen sehr bedeutsam. Außerdem sollte der Meister seine Schüler immer daran erinnern, daß Hingabe und Vertrauen sich nicht so sehr auf seine Person richten sollten, sondern vielmehr auf die Lehre, die sich durch den *lama* vermitteln und fortsetztten kann. Und schließlich denke ich, ein *lama* sollte sich so einfach und mitfühlend wie nur möglich verhalten. Er sollte von Verhaltensweisen ablassen, die auch gegen seinen Willen als stolz und hochmütig aufgefaßt werden können. Verhaltensweisen, die in dem Schüler eine Gefügigkeit und psychische Hörigkeit erzeugen.

Und was ist mit solchen „Meistern", die bewußt die Arglosigkeit und Gutgläubigkeit ihrer Studenten ausnutzen?

Selbstverständlich kann jemand, der ein solches Fehlverhalten an den Tag legt, nicht als ein spiritueller Meister angesehen werden, auch wenn er tausend Anhänger hat. Aber gegen solche Fälle kann man leider nur sehr wenig unternehmen. Das ist zumindest mein Eindruck. Es scheint, daß diejenigen, die solchen „Meistern" folgen, schon von ihrer Veranlagung leicht zu umgarnen sind, und es ist sehr schwierig, sie zur Vernunft zu bringen.

Ein anderer wichtiger Aspekt der Begegnung zwischen Ost und West liegt in der Möglichkeit, mittels wissenschaftlicher Apparate die besonderen Geisteszustände während und nach dem Meditieren zu erforschen.

Gewiß. Aber über diesen Punkt könnten wir reden, wenn wir über die Beziehungen zwischen Buddhismus und Wissenschaft reden.

Technologischen Fortschritt und inneres Wachstum verbinden: Buddhismus und Wissenschaft

Wenden wir uns nun den Beziehungen zwischen Buddhismus und Wissenschaft zu ...

Dies ist ein Thema, das mir sehr am Herzen liegt. Wie Sie wissen, habe ich in den letzten Jahren das Vergnügen gehabt, mich mehrmals mit Gruppen von Wissenschaftlern verschiedener Disziplinen treffen zu können und diese Begegnungen sind immer sehr interessant und von Nutzen gewesen. Wenigstens für mich – ich weiß nicht, ob auch für die anderen! (Lacht) Ich bin der Meinung, daß ein größerer wechselseitiger Wissensaustausch zwischen der östlichen Philosophie, im besonderen Maße des Buddhismus, und der westlichen Wissenschaft Bedeutsames hervorbringen kann. Wie ich schon sagte, haben die Wissenschaft und die moderne Technik viele positive Veränderungen in der Gesellschaft bewirkt. Gleichzeitig haben wir aber auch Neurosen, Ängste und Leiden wachsen sehen. Also sollte es unsere Aufgabe sein, den Menschen dabei zu helfen, wissenschaftlichen Fortschritt und inneres Gleichgewicht miteinander zu verbinden. Oft werden diese beiden Aspekte als weit voneinander entfernt oder sogar als gegensätzlich betrachtet. Manche meinen, daß sie überhaupt nicht miteinander vereinbar sind. Meine Meinung hingegen ist eine ganz andere, und mit großer Freude habe ich feststellen können, daß sich Wissenschaftler gerade aufgrund ihrer Erfolge in ihren respektablen Forschungsgebieten wichtige, wie soll ich sagen, existentielle Fragen philosophischer Natur stellen. Einige bekennen offen, vom spirituellen Suchen angezogen zu sein, quasi als Fortführung oder Vervollkommnung der eigenen wissenschaftlichen Arbeit. Die Möglichkeit, direkt und bei einigen Gelegenheiten auch ziemlich lange mit Wissenschaftlern zu sprechen, war mir eine Quelle der Inspiration. Im Laufe dieser Gespräche hatte ich immer den Eindruck, daß wir im Begriff waren, etwas Bedeutsames zu tun.

Was war der Gegenstand, der während dieser Treffen am meisten diskutiert wurde?

Wir haben viele Themen angesprochen, aber eines meiner bevorzugten betraf den Geist als solchen. Viele buddhistische Mönche, so glaube ich, interessieren sich sehr dafür, zu erfahren, was die Wissenschaft über den Geist denkt, wie er funktioniert und welche Beziehungen zwischen Geist und Gehirn bestehen. Ich selbst habe viele Fragen gestellt, aber auch die Wissenschaftler wollten ihrerseits von mir wissen, wie sich die unterschiedlichen buddhistischen Schulen den Geist vorstellen. Ein anderes verwandtes Gesprächsthema, bei dem wir verweilten, war die Beziehung zwischen Geist und Nervensystem.

Sind die buddhistischen Auffassungen mit denen der Wissenschaftler vereinbar?

Offensichtlich hängt das von dem einzelnen Wissenschaftler ab und dem wissenschaftlichen Umfeld, in dem er arbeitet. Mit einigen, so z. B. mit dem Biologen Francisco Varela, haben wir viele Punkte gemein, mit anderen sind die Positionen verschieden. Das, was zählt, ist jedoch nicht, völlig übereinzustimmen, sondern gemeinsam diskutieren zu können, eigene Ideen und vor allem eigene Erfahrungen, ... auch die unterschiedlichsten, teilen zu können. Im Oktober 1987 zum Beispiel, als mich zum ersten Mal eine kleine Gruppe von Wissenschaftlern in Dharamsala besuchte, fand ich es wirklich sehr interessant, darüber zu diskutieren, wie sehr soziale Umgebung und genetisches Erbgut die Entwicklung der menschlichen Persönlichkeit beeinflussen.

Und wie stehen Sie dazu?

Ich bin der Meinung, daß in dieser Hinsicht der Buddhismus, und im besonderen der Mahayana-Buddhismus, mit der wissenschaftlichen Herangehensweise Gemeinsamkeiten hat.

Was heißt das?

Lange Zeit haben Wissenschaftler gesagt, daß alles, oder fast alles, von genetischen Faktoren abhänge. Dann wiederum herrschte die gegenteilige Meinung vor, daß die Umwelt für den größten Teil des menschlichen Verhaltens verantwortlich sei. Heute scheinen wieder einige genetische Theorien in den Vordergrund gerückt zu sein. Aber wenn ich es richtig verstanden habe, so ist gegenwärtig die Mehrheit der Wissenschaftler der Auffassung, daß die genetischen und erblichen Faktoren mit denen der Umwelt interagieren, mit anderen Worten, daß eine enge Beziehung zwischen beiden besteht und man nicht sagen kann, daß alles von dem einen oder dem anderen Faktor abhängt. Und das bekräftigt auch der Buddhismus, wenn er vom Gewicht des *karma* aus der Vergangenheit spricht und von der Möglichkeit, es durch die gegenwärtigen Handlungen verändern zu können – und in einem spezifisch tibetischen Bereich, wenn man auch auf die Erziehung des *tulku* hinweist. Die *tulku* haben sicherlich eine Erinnerung an ihre vergangenen Leben. Sie sind Träger eines beachtlichen spirituellen Gutes, aber um es zu aktivieren, ist die bestmögliche Erziehung notwendig. Also eine Art Gleichgewicht zwischen dem genetischen, dem karmischen und dem spirituellen Erbe, wenn man es gleichsam so nennen möchte, und den konkreten Bedingungen der Umwelt, welche diese wecken und aktivieren können. Unabhängig von den einzelnen Themen, die ich bei meinen Treffen mit den Wissenschaftlern diskutiert habe, ist es wunderbar, sich im gegenseitigen Interesse auszutauschen und kennenzulernen.

Verschiedene Vertreter der wissenschaftlichen Welt sind Atheisten. Könnte die Tatsache, daß der Buddhismus keinen göttlich bedingten Anfang postuliert, die Begegnung mit der Welt der Wissenschaft erleichtert haben?

Ja, ich habe diesen Eindruck gehabt. Ich denke, mit den meisten der Wissenschaftler, die ich getroffen habe, hätte es kein Einverständnis gegeben, wenn der Buddhismus die Existenz eines Schöpfergottes postulieren würde. Im Gegenteil, ich glaube, die Idee eines Universums, das verschiedene Phasen durchläuft, dabei aber keinen wirklichen Anfang und kein wirkliches Ende kennt, ist der wissenschaftlichen Welt verständlicher als die Idee einer Weltschöpfung durch einen einzigen Schöpfergott.

Ein anderer Aspekt, der in der wissenschaftlichen Welt starkes Interesse hervorruft, ist die Auffassung von der „Leerheit".

Die buddhistische Idee der Leerheit kam in der Tat immer wieder in den Gesprächen mit den Wissenschaftlern auf, und auch in diesem Fall hatte ich den Eindruck, daß es sich um ein Konzept handelt, das in gewissem Sinne der wissenschaftlichen Denkweise entgegen kommt.

Vielleicht ist es über die eigentliche Idee der Leerheit hinaus die buddhistische Methode, diese zu erkennen, die bei der wissenschaftlichen Forschung Anklang findet. Es handelt sich ja in der Tat um eine äußerst analytische und rationale Methode.

Das ist möglich ... Wie kommt denn der Buddhismus zu dem Ergebnis, daß die Leerheit die eigentliche Natur des Wirklichen sei? Durch eine aufmerksame, minutiöse Analyse der letzten Natur des Wirklichen gelangt die buddhistische Philosophie zu dem Schluß, daß alle Phänomene, jedwede Erscheinung, einer inhärenten Natur entbehren.

Insofern als sie keine eigene konstituierende Eigenschaft besitzen?

Genau, und das läßt sich durch folgende Tatsache gut verstehen: Wenn wir versuchen, die Essenz der Materie irgendeines Gegenstandes zu erfassen, und wenn wir sie noch so sehr suchen, werden wir sie dennoch nicht finden: Die Essenz ist wörtlich gesprochen unauffindbar, sie ist nicht da, sie existiert nicht. Deshalb ist die buddhistische Philosophie überzeugt davon, daß den Erscheinungen keine ihnen eigene Natur innewohnt. Sie sehen, das kann auf den ersten Blick seltsam erscheinen. Betrachten sie diese Mauer, diesen Stuhl, diesen Tisch ... – all diese Dinge erscheinen deutlich, stabil und selbstverständlich. Aber sie sind nicht so ... Im Gegenteil, wenn wir die Dinge bis auf ihren Grund analysieren, so sehen wir, daß die Dinge jenseits ihrer Erscheinungen nicht so existieren, wie sie zu existieren erscheinen. Das ist kein Wortspiel, sondern die bloße Wirklichkeit. Es gibt einen tiefgreifenden Unterschied zwischen der Art, wie die Dinge uns erscheinen und wie sie wirklich sind. Schauen wir uns ein Beispiel an: Sie nehmen gerade unser Gespräch mit dem Rekorder auf. Dieser Apparat scheint etwas sehr Konkretes und Reales zu sein, und in gewissem Sinne ist er das auch. Er ist in der Lage, die Töne unserer Worte aufzunehmen und auf Band zu speichern, so daß man sie unzählige Male wieder hören kann. Auf diese Weise können Personen unser Gespräch hören, die Tausende von Kilometern entfernt sind und Jahre benötigen würden, um von dort hierher zu kommen. Gut, all dies ist wahr, ungemein wahr. Aber wenn wir uns eingehender mit diesem Rekorder beschäftigen und seine letzte Essenz begreifen wollen, dann werden wir sie nicht finden. Es ist nicht das Mikrofon, nicht der Aufnahmetonkopf, nicht das Innere des Gehäuses, wo sich die Mechanik befindet, und es sind auch nicht alle anderen Teile, die zum Funktionieren notwendig sind. Also, wenn wir ihn gut analysierten, müßten wir daraus schließen, daß dieser Rekorder nicht existiert, nicht etwa, weil er nicht real oder nur ein gemeinsamer Traum ist, sondern weil er keine eigene letzte

Essenz besitzt. Er existiert nur in dem Ausmaß der verschiedenen Teile, aus denen er besteht, und die miteinander interagieren. Wenn diese wechselseitige Interaktion endet, dann hört dieser Rekorder auf zu existieren, in dem Sinne, daß er nicht mehr aufnimmt. So ist also die Herangehensweise des Buddhismus, die Dinge zu erforschen. Sie ist außerordentlich analytisch und rational und hat wahrscheinlich Berührungspunkte und Affinitäten mit der Wissenschaft.

Wenn man es genau betrachtet, könnten wir vielleicht daraus schließen, daß in letzter Analyse auch die Theorie der Vererbung und des karma *sich auf vergleichbarem Terrain bewegen?*

Sie scheinen mir nicht völlig unvereinbar zu sein. Die Biologie bestätigt, daß die determinierenden Aspekte des Charakters einer Person durch das genetische Material bedingt sein können. Das kann sehr gut mit der Theorie des *karma* in Einklang gebracht werden. Wenn ich bestimmte genetische Eigenschaften von meinem Vater oder meiner Mutter geerbt habe, dann erhebt sich in der Tat sogleich die Frage, warum mein Bewußtsein gerade in diesem bestimmten Organismus von diesen bestimmten Eltern reinkarniert wurde.

Aufgrund seines karma?

Ja, ... gerade aufgrund seines *karma,* ... des *karma,* das in den vorangegangenen Existenzen erworben wurde und das einen Mechanismus in Gang gesetzt hat, der ein bestimmtes Bewußtsein für einen entsprechenden Uterus determiniert, wo sich der Samen und das Ei der beiden anvisierten Eltern vereinigen.

Könnte man diese interessanten Analogien auch zwischen dem karma *und der Evolutionstheorie herstellen?*

Hier ist das Feld umfangreicher, und es ist schwieriger, Analogien und Differenzen auszumachen, auch deshalb, weil von

Wissenschaftlern gleicher Disziplinen die Evolution nicht immer in der gleichen Weise interpretiert wird. Auf jeden Fall ist es ein faszinierender und vielschichtiger Diskurs. Ich hoffe, daß er in den nächsten Jahren von Buddhisten und Wissenschaftlern geführt und vorangebracht werden kann. Sind das Gehirn, die Gene, das ganze biologische System die wissenschaftlich erfaßbaren Bedingungen, die es der Intelligenz ermöglichen, in diesem Leben zu existieren? Und wie kann sich das *karma* in die Entwicklung der Intelligenz eingeschaltet haben? Wir begeben uns hier in äußerst subtile Bereiche. Und ich fühle, daß die besonderen Aspekte karmischen Handelns und seiner tatsächlichen Ergebnisse ein Verstehen erfordern, das weit über das gewöhnliche Verstehen hinausgeht.

Eure Heiligkeit, glauben Sie, es wäre möglich, mit wissenschaftlichen Mitteln zu erforschen, was im Geist und im Körper eines fortgeschrittenen Meditierenden während der Meditation geschieht? Würden Sie ein solches Verfahren begrüßen?

Möglich ist das sicherlich. Momentan sind solche Studien schon an einigen Universitäten in den USA und auch in einigen anderen Forschungseinrichtungen im Gange. Unter anderem scheinen mir vor allem die Erkenntnisse über die Psyche und die meditativen Vorgänge selbst interessant zu sein. Sie fragen mich, ob ich diese Studien für gut heiße ... Warum nicht? Alles, was die Erkenntnis über uns selbst erweitert, ist zu begrüßen, also auch diese Forschungen. Zum Beispiel wurde in den Gesprächen mit den Wissenschaftlern sehr viel über das Konzept eines Selbst gesprochen. Vor allem darüber, wie der Buddhismus das Selbst als Subjekt einer stetigen Veränderung konzipiert, da es eine gewisse Kontinuität aus der Vergangenheit aufrechterhält. Über dieses Thema haben wir gesprochen und uns lange darüber auseinandergesetzt. Am Ende hat uns die gegenseitige Wissensvermittlung sehr bereichert.

Eure Heiligkeit, könnten Sie in aller Kürze noch etwas zu dem Begriff des Selbst sagen?

Wir haben über die Unterschiede zwischen dem buddhistischen Konzept des Selbst und dem der Seele diskutiert. In gewisser Weise war es für einige Wissenschaftler schwierig zu verstehen, daß wir ein Selbst postulieren, das bleibt, während es sich kontinuierlich verändert. Und ich habe ihnen dargelegt, daß der Buddhismus nicht vom Selbst als einer einzigen, selbständigen Entität spricht, sondern von etwas, das sich unaufhörlich verändert – Kontinuität und Veränderung bestehen gleichzeitig. Letztlich haben die Wissenschaftler verstanden, daß das Selbst in der Auffassung des Buddhismus dasselbe bleibt, in der gleichen Weise wie, wissenschaftlich gesehen, ein Körper derselbe bleibt, auch wenn sich im Laufe der Jahre alle seine Moleküle erneuern.

Eure Heiligkeit, wird der Dialog des Dalai Lama mit der Welt der Wissenschaft weitergehen?

Selbstverständlich! Wie ich Ihnen bereits gesagt habe, ist die Beschäftigung mit anderen Anschauungen und anderen Erfahrungen sehr wichtig für mich, um zu überprüfen, was uns gemeinsam ist und worin wir uns unterscheiden. Ich weiß nicht, ob mir noch genügend Zeit zur Verfügung stehen wird, es zu tun. Aber ich wäre glücklich, auch eine Begegnung mit buddhistischen Gelehrten organisieren zu können, vor allem mit Vertretern konservativer und orthodoxer Strömungen. Ich würde gerne mit ihnen darüber diskutieren, wie ich mir die Haltung eines buddhistischen Gelehrten der Gegenwart vorstelle, vor allem was die wissenschaftlichen Erkenntnisse betrifft, welche bestimmten Überzeugungen in traditionellen Texten widersprechen könnten.

Was heißt das?

Ich bin der Meinung, daß es mit der allgemeinen Haltung des Buddhismus vollkommen vereinbar ist, einige wörtliche Auslegungen zurückzuweisen, wenn diese im Laufe der Jahrhunderte von der Wissenschaft widerlegt worden sind. Wenn wir beispielsweise nur eine wörtliche Auslegung der Schriften des *abhidharma* akzeptierten, dann müßten wir auch akzeptieren, daß die Erde eine Scheibe ist. Wir wissen aber heute, daß dies nicht der Fall ist. Also ist die korrekte buddhistische Haltung gegenüber Situationen wie diesen, von den Entdeckungen Kenntnis zu nehmen, die durch direkte Erfahrung mit der Welt erbracht wurden.

Eure Heiligkeit, sie sagten gerade, daß ein Verständnis durch die konkrete Erfahrung der Wirklichkeit buddhistischer sei als das, was einige Texte behaupten. Die Befolgung einer wörtlichen Auslegung eines Textes kann nicht wahr sein!

Aber ja, es ist so. Ich bin der Meinung, daß eine fundamentale Haltung des Buddhismus die geistige Offenheit sein muß, die vorurteilslose Analyse der Wirklichkeit, die Untersuchung der Erscheinungen und ihrer Wirkungsweisen. Wenn, wie in dem Beispiel, das ich Ihnen gerade gegeben habe, unsere Analyse zeigt, daß sich die Wirklichkeit von der wörtlichen Auslegung eines Textes unterscheidet, so ist die richtige Reaktionsweise eines Buddhisten, dies zur Kenntnis zu nehmen. Wenn ich das sage, so muß ich hinzufügen, daß ich mich selten in solchen Situationen wiedergefunden habe.

Verschiedene Wege zum gleichen Ziel: der Dialog zwischen den Religionen und die Zukunft der Welt

Eure Heiligkeit, die Botschaft des Buddhismus spricht im allgemeinen und im besonderen von Toleranz, Mitgefühl und von der Bereitschaft zum Dialog. Leider ist die Geschichte der Beziehungen zwischen den Religionen nicht immer von Werten wie diesen durchdrungen gewesen. Heute hat sich die Situation verbessert, aber noch immer können wir Zeugen werden, wie in verschiedenen Teilen der Welt Gefühle des Hasses, der Gewalt und der Intoleranz im Namen von Religionen ausgelebt werden.

Das ist wahr, und es ist wirklich eine Tragödie. Für jeden Menschen, der einen spirituellen Weg einschlägt, ist es eine Tragödie, mitansehen zu müssen, wie Gefühle der Intoleranz und Gewalt im Namen eines religiösen Ideals Realität werden. Wie Sie erwähnt haben, ist meine Haltung völlig anders. Ich meine, die Religionen, und zwar alle Religionen, nicht nur der Buddhismus oder die östlichen Religionen, überbringen die Botschaft von der Erlösung der menschlichen Wesen. Alle spirituellen Meister möchten die Lebensbedingungen der Bewohner dieser Erde verbessern. Alle sind auf ihre Weise gültig.

Aber ihre jeweiligen Sprachen sind sehr verschieden, manchmal geradezu gegensätzlich …

Sehen Sie, die Differenzen zwischen den verschiedenen Religionen sind vielfältig. Wenn wir ausschließlich auf doktrinären Proklamationen insistierten, dann würden wir uns wahrhaftig in einem Labyrinth aus Standpunkten, Weltanschauungen und spirituellen Erfahrungsweisen verlaufen. Gewiß, es existieren große theologische und metaphysische Differenzen, aber es wäre doch blinder Intellektualismus, in dieser Unterschiedlichkeit zu verharren. In Wirklichkeit kommt es auf diesen Punkt nicht an.

Und worauf kommt es an?

Es kommt darauf an zu begreifen, daß es die menschlichen Wesen selbst sind, die so vielfältig und verschieden sind. Das haben wir auch im Buddhismus gesehen, Buddha Shakyamuni erteilte seinen verschiedenen Zuhörern verschiedene Lehren, er gestaltete seine Lehren nach den Voraussetzungen seiner Zuhörerschaft. Innerhalb des Buddhismus gibt es so viele Schulen, bedenken Sie doch, so viele Schulen innerhalb einer einzigen Religion, einer Religion, die sich ursprünglich aus einem klar umrissenen Gebiet in Indien heraus entwickelt hat. In der Welt gibt es viele Religionen, und innerhalb jeder dieser Religionen gibt es eine Vielzahl an verschiedenen Meinungen. Es ist doch vollkommen normal, daß solch eine Vielfalt an Wegen existiert. Jeder von uns hat seine persönlichen Einstellungen, und jeder von uns wird einen eigenen Weg zu einem doch für alle gleichen Ziel suchen.

Entschuldigen Sie, Eure Heiligkeit, meinen Sie, alle streben nach den gleichen Zielen? Ich habe da manchmal meinen Zweifel, wenn man sich beispielsweise bestimmte Formen von Integralismus, ... von Aberglauben und Fanatismus anschaut.

Schauen Sie, ich kann verstehen, was Sie damit sagen wollen, aber ich teile ihre Bedenken nicht. Wenn wir unsere Wahrnehmung schärfen, erkennen wir, daß sich die Bedürfnisse der menschlichen Wesen gleichen. Sie gleichen sich immer. Es ist unser aller Anliegen, Leiden zu vermeiden und Glückseligkeit zu erlangen. Auch wenn unser Verhalten manchmal auf das Gegenteil schließen läßt, müssen wir, sobald wir den Dingen auf den Grund gehen, der Tatsache zustimmen, daß jede Frau und jeder Mann in dieser Welt ihre bzw. seine eigenen Daseinsbedingungen zu verbessern versucht. Auf diese Bedürfnisse suchen alle Religionen Antworten. Gewiß, in bestimmten Situationen treten Irrtümer auf, Mängel, Fanatismen, aber letztlich sind das Irrtümer. Ich meine, das höchste Ziel auf jedem religiösen Weg ist die Erhebung des Menschen, seine Erlösung aus der Knechtschaft der Unwissenheit und des Leidens. Ich werde Ihnen an dieser Stelle ein wirklich banales Beispiel geben, ... einige werden es vielleicht für albern halten, ... aber es scheint mir doch ein recht passendes Beispiel zur Ausformulierung meines Gedanken zu sein. Alle Lebewesen kennen die körperliche Erfahrung von Hunger. Der Hunger ist an unsere lebendige Beschaffenheit gebunden. Wenn wir gegessen haben, sind wir für einige Stunden von dem Essen, das wir zu uns genommen haben, befriedigt, aber über kurz oder lang werden wir wieder hungrig. Dies ist ein naturgegebener Vorgang, der nichts Schlechtes in sich birgt. Wenn wir in ein Restaurant gehen, weil wir unseren Hunger stillen wollen, dann essen wir nicht alle das gleiche Essen. Nein, wir würden nicht einmal alle in das gleiche Restaurant gehen! Aber wenn wir zusammen in einem Restaurant sitzen, wählen wir von der Speisekarte die Gerichte aus, die uns am meisten zusagen. Einer von uns wird ein vegetarisches Gericht wählen, ein anderer nicht, wir schauen, was das Restaurant anzubieten hat und wählen nach unseren Vorlieben aus. Das Entscheidende ist, wenn wir uns vom Tisch erheben und das Restaurant verlassen, dann werden wir durch die Speisen, die wir gegessen haben, zufrieden sein, und unser Hunger wird gestillt sein, ... wenigstens ein bißchen! (Lacht) Ich weiß, es ist ein banales Beispiel, aber ich glaube, es verdeutlicht meine Gedanken. Mit den Religionen verhält es sich vergleichbar: Wir alle wollen unseren Hunger nach Erkenntnis und Spiritualität befriedigen, wir wollen einen Weg finden, der uns zu einer inneren Erlösung führt und der unsere Lebensqualität verbessern hilft, vergleichbar dem Essen, das unseren Appetit befriedigt. Wir wählen also eine Religion, die am besten auf uns abgestimmt ist, die eine Sprache spricht, die unseren Einstellungen und Fähigkeiten entspricht. Ich glaube, daß der Existenz so vieler Religionen nichts Schlechtes anhaftet, sie ist vielmehr Ausdruck des Reichtums der Menschheit. Die Wichtigkeit besteht darin, die eigene Religion zu finden und ihr mit Aufrichtigkeit und Klugheit zu folgen.

Man sollte also nicht so viele Anstrengungen und Versuche unternehmen, andere vom eigenen religiösen Glauben zu überzeugen?

Ich sage es immer wieder, und ich werde nicht aufhören, es zu wiederholen: Der Buddhismus ist nicht die beste aller Religionen! Ich bin überhaupt nicht an der Konversion anderer Menschen hin zum Buddhismus interessiert. Es liegt mit nichts daran, den Buddhismus auf Kosten anderer religiöser Erfahrungen zu verbreiten. Vielmehr konzentriere ich meine Gedanken darauf, wie ich in meiner Funktion als buddhistischer Mönch zur Glückseligkeit aller menschlichen Wesen beitragen kann. Für mich als praktizierender buddhistischer Mönch ist natürlich der *buddhadharma* die beste Religion. Aber ich bin mir wohl bewußt, daß, was für mich gültig ist, nicht notwendigerweise für andere gelten muß. Das ist mit den Sprachen vergleichbar. Wie viele Sprachen werden auf diesem Planeten gesprochen? Tausende? Zehntausend? Ich weiß es nicht, aber es sind gewiß sehr viele. Wenn Sie bedenken, allein hier in Indien werden über hundert Sprachen gesprochen. Aber die Vorstellungen, die in verschiedenen Sprachlauten ihren Ausdruck finden, sind dieselben. Wenn ich von der Liebe spreche, ganz gleich ob auf tibetisch, hindi, englisch oder deutsch, beziehe ich mich immer auf ein und dieselbe Vorstellung. Auch hier in diesem Beispiel – was zählt, ist die Möglichkeit, sich ausdrücken zu können, sein Inneres nach außen kommunizieren zu können. Die Sprache selbst, mittels der man kommuniziert, hat dabei wenig Bedeutung. Zu diesem Punkt habe ich noch etwas zu sagen. In den letzten Jahren haben sich viele Studenten aus dem Westen dem Vajrayana-Buddhismus angenähert. Einige von ihnen beschäftigen sich sogar damit, die tibetische Sprache von Grund auf zu lernen, um direkt mit ihren Meistern kommunizieren zu können und um die Schriften, ohne daß sie durch eine Übersetzung gefiltert sind, studieren zu können. Ich begrüße eine solche Entwicklung, die nur Gutes hervorbringt, vor allem dann, wenn der Meister nur tibetisch spricht. Aber es gibt auch Studenten, die dem Buddhismus folgen und ihn praktizieren, ohne tibetisch zu sprechen, das kann man sehr wohl tun. Es hängt letztlich von der Zeit ab, die einem zur Verfügung steht. Was ich sagen möchte, ist, daß es nichts Mystisches in der tibetischen Sprache gibt, genauso wenig wie in irgend einer anderen Sprache. Sie ist ein brauchbares Mittel, dessen man sich bedient. Viel wichtiger ist es doch, in seinen Übungen gut zu werden, und dabei spielt es keine Rolle, ob man nun tibetisch spricht oder nicht.

So könnten wir also sagen, die Sprachen der Religionen dienen dem Zweck, das innere Bewußtsein auf das Erlösungsziel hin zu lenken?

Jede Religion hat ihre eigenen Methoden und Besonderheiten, um das menschliche Leiden zu verringern und die Verbesserung der Welt zu fördern. Ja, insofern könnten wir sagen, die Verschiedenheit der Sprache erlaubt es den unterschiedlichsten Menschen, das gleiche Ziel zu erreichen. Einige dieser Sprachen ähneln einander mehr und haben gegenüber anderen mehr Gemeinsamkeiten.

Wie das bei Rassen und Ethnien auch der Fall ist.

Gewiß. Es gibt Völker, die quasi verschwistert miteinander sind, und andere, die sich grundlegend voneinander unterscheiden. So verhält es sich auch mit den religiösen Wegen. Der Buddhismus hat mehr Berührungspunkte mit dem Hinduismus als mit dem Islam, aber die gläubigen Anhänger dieser drei großen Religionen aus Indien verfolgen die gleichen Dinge und wollen die gleichen Ziele erreichen.

Und welche Differenzen und Analogien sehen Sie zwischen dem Buddhismus und dem Christentum?

Die größte Differenz zwischen Buddhismus und Christentum liegt in der Vorstellung eines Schöpfergottes. Der ganze christliche Horizont gründet auf der Vorstellung eines Gottes, der den Menschen nach seinem Ebenbild geschaffen hat. Diese Vorstellung von Gott und der Gottesgehorsamkeit des Menschen durchdringt den gesamten spirituellen Aufbau des Christentums. Das menschliche Schicksal geht aus der Ungehorsamkeit des ersten Menschenpaares hervor, das sich den göttlichen Vorschriften widersetzt hat, und infolge dessen ist die Menschheit aus dem irdischen Paradies vertrieben worden. Später offenbarte Gott durch den Propheten Moses seine Gesetze, die Zehn Gebote, nach denen jede Frau und jeder Mann sich richten sollte. Noch später schickte Gott seinen eigenen Sohn, Jesus Christus, auf die Erde, um den vollkommenen Weg zur Menschlichkeit zu lehren, von dem die Menschen abgekommen waren. Die Existenz eines Schöpfergottes und sein enges Interagieren mit der Welt sind die fundamentalen Prinzipien des christlichen spirituellen Wertesystems. Wir haben hingegen gesehen, daß für den Buddhismus andere Dinge zählen. Im Buddhismus ist die Figur eines Schöpfergottes nicht vorgesehen; hier wird vielmehr der Akzent auf das angeborene Leiden der menschlichen Existenz und auf die Mittel, dieses Leiden zu erleichtern, gesetzt, um es schließlich durch die innere Erleuchtung endgültig zu überwinden. Wir könnten sagen, der Gedanke der Erleuchtung liegt der buddhistischen Vorstellungswelt zu Grunde, wie die Auffassung von Gott der christlichen Vorstellungswelt zugrunde liegt. So betrachtet, könnte man sich kaum zwei unterschiedlichere spirituelle Wege vorstellen. Und dennoch, wenn wir über diese Behauptung hinausgehen, stellen wir fest, daß es eine Vielzahl an Analogien gibt, an tiefgründigen Ähnlichkeiten …

Welche sind die wichtigsten?

Die christliche Auffassung universeller Liebe ähnelt dem buddhistischen Konzept des Mitgefühls, und in gewisser Weise ähnelt Jesus einem *bodhisattva.* Jesus kommt in menschlicher

Gestalt auf die Erde und opfert sich der Menschheit, indem er alle Schmerzen und Leiden des Daseins erträgt und durch den Gewaltakt der Kreuzigung selbst physischen Schmerz erleiden muß. Warum sollte man in ihm nicht eine ideale Erscheinung des *bodhisattva* sehen, der zum Wohle der Menschheit die Erleuchtung verweigert, um in der Welt zu bleiben? Auch die *bodhisattva* reinkarnieren sich als menschliche Wesen, und als solche sind sie allen Beschränkungen des menschlichen Daseins unterworfen. Wenn wir uns außerdem die klösterliche Organisation eines christlich-katholischen Ordens anschauen, erkennen wir, wie das tägliche Leben der Mönche und Nonnen dem tibetischen Klosterleben in verschiedenen Gesichtspunkten sehr ähnlich ist. Mir scheint, in beiden Traditionen wird das klösterliche Leben von der Vorstellung getragen, durch ein einfaches und erfülltes Leben Zufriedenheit zu erlangen.

Dann gibt es noch die Praxis des Zölibats ...

Gewiß. Das Zölibat ist ein wichtiger Aspekt der klösterlichen Disziplin. Wir können das Zölibat für eine Praktik halten, die sich gegen die natürliche menschliche Biologie richtet. Wenn wir uns die Natur der Sexualität und das sexuelle Begehen anschauen, können wir nicht verleugnen, daß sie Teil unserer biologischen Beschaffenheit sind. Außerdem ist die Sexualität mit der Fortpflanzung der Art verknüpft. Unter bestimmten Gesichtspunkten betrachtet richtet sich das klösterliche Leben gegen die biologische Natur des Organismus und könnte falsch und negativ erscheinen. Aber wenn wir einen Augenblick darüber nachdenken, was das Ziel dieser Art Lebensführung ist – ich spreche hier aus der Sicht eines buddhistischen Mönches –, sehen wir, daß das Ziel das Erlangen der Erleuchtung ist, die Überschreitung unserer menschlichen Natur, um ein Buddha zu werden. Wenn es unser Ziel ist, die Grenzen der menschlichen Existenz zu überwinden, denn werden folglich auch die Methoden, die wir dazu anwenden, diesem Ziel Rechnung tragen müssen. Ich meine, die Praxis des Zölibats ist eines der besten Mittel gegen die Anhänglichkeit und das Begehren. Selbstverständlich kann ich nicht im Namen des christlichen Mönchstums sprechen, aber soviel ich davon weiß, glaube ich, daß die Motive der christlichen Mönche, dem Zölibat zu folgen, mehr oder weniger den unseren gleichen. Gewiß, in ihrer Vorstellungswelt existiert der Erlösungsgedanke, ein *nirvana* nicht, ... aber das Ansinnen, sich vollständig dem spirituellen Leben zu widmen und Ablenkungen vom religiösen Leben aus dem Weg zu gehen, bleibt bestehen.

Die Erleuchtung kann man also nur durch eine klösterliche Lebensführung und das Zölibat erlangen?

Nein, das habe ich nicht gesagt. Ich wollte nicht sagen, im Buddhismus gäbe es gar keine Möglichkeit, das *nirvana* außerhalb klösterlicher Erfahrungen zu erreichen. Jemand kann ein ausgezeichneter Schüler sein und zur Erleuchtung gelangen, indem er das Leben eines Laien führt. Umgekehrt kann es durchaus sein, daß jemand, der sein ganzes Leben in einer Einsiedelei, in abgeschiedenen Höhlen lebt, nicht zur Erleuchtung gelangt. Denn das hängt von der Intensität der Praxis und der Reinheit der Motivation ab. Was ich sagen will ist, daß die Bedingungen des Zölibats die Konzentration auf die religiöse Dimension, auf spirituelle Aspekte unterstützen können. In anderen Situationen aber könnte es geradezu ein Hindernis sein. Unabhängig davon, daß das Zölibat generell durchaus sinnvoll sein kann, kommt es immer auf die einzelne Person an. Aber sprechen wir weiter über das Mönchstum. Außer den Ähnlichkeiten existieren auch einige Unterschiede zwischen dem buddhistischen und dem christlichen Mönchswesen.

Worin liegen diese Unterschiede?

Zum Beispiel in der Meditation. Soweit ich mich auskenne, gibt es im Christentum keine eigentlichen Meditationstechniken, die mit dem Gebet oder anderen religiösen Ritualen in Zusammenhang stehen. Genau dies ist ein wichtiger Bestandteil des Buddhismus. Umgekehrt ist das Verhältnis des christlichen Mönchstums zu der Gemeinschaft der Gläubigen durch soziales Engagement geprägt, während dies im buddhistischen Mönchswesen nur einen marginalen Aspekt darstellt.

Sie würden also eine wechselseitige Integration dieser beiden Besonderheiten in den zwei verschiedenen Klosterformen begrüßen?

In gewissem Sinne würde ich das befürworten. Einige unserer Meditationspraktiken würden christlich-katholischen Mönchen sicherlich zum Wohle gereichen. Genauso könnte eine stärkere Sensibilisierung für Soziales die Erfahrungswelt buddhistischer Mönche bereichern. Aber in diesem Punkt möchte ich, daß man mich sehr gut versteht und daß der Sinn meiner Worte klar und verständlich ist. Denn ich spreche keineswegs davon, den Buddhismus und das Christentum in eine einzige Religion verschmelzen zu wollen. Ich halte nichts von einer Art Universalreligion, die für alle menschlichen Wesen gleichermaßen gilt. Wenn ich die Analogien zwischen verschiedenen religiösen Wegen herausarbeite, dann nur, um ein Verständnis dafür zu schaffen, daß wir alle ein identisches Ziel vor Augen haben, die Mittel und Wege aber bleiben verschieden. Es ist wirklich wichtig, zwischen verschiedenen spirituellen Wegen entscheiden zu können. Zum Beispiel, wenn ich mich in Länder begebe, in denen sich der Buddhismus gerade zu verbreiten beginnt, versuche ich immer zu erklären, daß es für die Menschen dort besser wäre, in ihrem eigenen, traditionellen religiösen Gefüge zu bleiben. Ich bemühe mich immer darum – sofern ich Gelegenheit dazu habe – meinen Standpunkt zu vermitteln. Meine Reisen in so viele Länder haben keinen missionarischen Charakter, es geht mir auch nicht darum, die Menschen zur Konversion zu bewegen. Ich bin der Überzeugung, daß ein menschliches Wesen grundsätzlich der religiösen Tradition folgen sollte, in die es hineingeboren wurde; und dies gilt für jeden Winkel in der Welt. Aber es gibt auch Fälle, in denen die eigene Tradition die spirituellen Bedürfnisse eines einzelnen nicht erfüllen kann, ... Fälle, in denen die religiöse Sprache, in die man hineingeboren wurde, stumm bleibt und einen nicht anspricht. Falls ein Mann oder eine Frau sich nicht in der Religion des eigenen Kulturkreises wiederfinden kann, dann ist es wichtig, daß er oder sie die Möglichkeit erhält, eine andere wählen zu können. Es handelt sich hierbei nicht um eine Art „Markt" der Religionen, auf dem jeder seine eigene Religion feilbietet – ganz im Gegenteil –, wir müssen denjenigen Antworten anbieten, die noch keine gefunden haben; dabei darf es aber nicht darum gehen, unsere Religion wie eine Ware „zu verkaufen", schließlich ist es eine Religion und keine Ware. Und sie ist etwas Bedeutendes im Leben der menschlichen Wesen. Und doch erleben wir es häufig, daß gerade die Äußerlichkeiten der religiösen Formen übertriebene Beachtung finden. Aber mit einer solchen Betonung von Äußerlichkeiten würden wir uns mit Verkäufern einer beliebigen Ware auf die gleiche Stufe stellen – dann, so glaube ich, würden wir unsere Religion auf schwerste Weise beleidigen.

Eure Heiligkeit, als Sie gerade über „Märkte" gesprochen haben, ist mir eine westliche politische Philosophie in den Sinn gekommen, die oftmals selbst als „weltliche Religion" definiert wurde. Ich spreche vom Marxismus, der u. a. die Religion als „Opium des Volkes" bezeichnet hat. Was denken Sie über den Marxismus und seinen Angriff auf die religiösen Erfahrungen?

Meine Gedanken zur Religion, zur religiösen Erfahrung habe ich bereits ausgeführt; insofern wird es nicht verwundern, daß ich Karl Marx' berühmtem Satz nicht zustimme. Ich hüte mich davor, ihm als allgemeiner Äußerung zuzustimmen – daß sozusagen *per definitionem* die Religion eine Art Opium des Volkes sei. Aber wir müssen mit Traurigkeit und Bedauern einräumen, daß es Fälle gab, in denen tatsächlich die Religion als Opium des Volkes benutzt und gelebt wurde. Allerdings handelt es sich dabei um Fälle, in denen die Religion ihre Ziele nicht erfüllt hat, die genau das Gegenteil einer Droge sind. Die Religion ist – wie ich Ihnen sagte – ein Hauptvehikel, über das die Menschheit verfügt, um sich von Leiden zu befreien und Erlösung zu erringen. Wer von diesem Anliegen abweicht, der kann „Opium an das Volk" verkaufen, sich aber nicht für einen Mann oder eine Frau der Religion halten oder gar dafür gehalten werden. Auf der anderen Seite gibt es so viele Menschen, die behaupten, etwas Bestimmtes zu tun, in Wirklichkeit aber das genaue Gegenteil machen. Und wir? Wie könnten wir über sie richten? Sollen wir sie nach ihren Worten oder nach ihren Taten beurteilen?

Wenn ich mich nicht irre, war es ebenfalls Marx, der gesagt hat, daß man die Bourgeoisie nicht nach ihren hehren Selbstaussagen beurteilen soll, sondern sachlich nach den Daseinsbedingungen, in denen sie die Mehrheit der Bevölkerung leben läßt.

Sie wissen doch beispielsweise bestens darüber Bescheid, wie unser Land Tibet von dem kommunistischen China brutal besetzt worden ist, wobei unvorstellbare Zerstörungen und Gewalttaten angerichtet wurden. Dennoch hat die Regierung in Peking immer von der „friedlichen Befreiung Tibets" gesprochen, aber dabei handelt es sich nur um einen propagandistischen Slogan. Die chinesische Präsenz in Tibet wird durch das beurteilt, was sie erzeugt hat und nicht durch das, was sie mit Worten behauptet, getan zu haben. Gleiches gilt auch für die Religionen. Wir müssen die konkrete Handlung beurteilen, um zu verstehen, ob es sich um eine authentische spirituelle Erfahrung handelt oder um etwas anderes. Aber der Sinn einer religiösen Erfahrung liegt darin, den Menschen in ihrem Wachsen, in ihrem Besserwerden zu helfen, und ich denke, daß dies auch geschieht.

Aber was denken Sie über den Marxismus, Eure Heiligkeit?

Das ist schwer in Worte zu fassen ... Auf der einen Seite haben wir es mit dem Marxismus zu tun, und auf der anderen Seite haben wir es mit verschiedenen Ausprägungen des Kommunismus zu tun, die konkret verwirklicht sind und sich oft gegenseitig in kriegerische Auseinandersetzungen verwickelten, wie die Sowjetunion und die Volksrepublik China, wie Vietnam und Kambodscha. Ich bin trotz der chinesischen Invasion und der Indoktrination, die mir während meiner Reise nach Peking in den fünfziger Jahren zuteil wurde, kein Experte in Sachen Marxismus. (Lacht) Ich kann sagen, daß ich theoretische Standpunkte wie die Idee von der Einheitspartei und die Diktatur des Proletariats als überzeugter Verfechter der Demokratie und der Bürgerrechte auf das Schärfste ablehne. So bin ich auch grundsätzlich gegen die Instrumentalisierung von Gewalt, um im Klassenkampf einen Sieg herbeizuführen. Aber es gibt einen Aspekt im Marxismus, dem ich mich, wie soll ich sagen, verwandt fühle ...

Von welchem Aspekt sprechen Sie?

Ich spreche von dem Streben nach Gleichheit zwischen den menschlichen Wesen, von der Idee, daß alle Menschen wenigstens in würdevollen ökonomischen Bedingungen leben müßten, daß ein bestimmtes Maß an Armut und Gleichgültigkeit existiert, welches niemals unterschritten werden dürfte, und von der Idee, all dies zu verwirklichen, indem derjenige, der viel besitzt, auf Teile seines Reichtums verzichtet, um sie demjenigen zu überlassen, der gar nichts hat. Ich finde, dieser Haltung liegt etwas Ethisches zugrunde, ein ethisches Moment, das tief mit dem Mahayana-Buddhismus und meiner persönlichen Gefühlswelt übereinstimmt. Aber es ist offensichtlich, wie diese ethischen Verhaltensnormen mit den Füßen getreten werden, wenn man in ihrem Namen Gewalttätigkeiten, Freiheitsentzug und Beraubung von Menschenrechten verübt, wenn man in ihrem Namen mordet, foltert und unterdrückt, wie es leider in mehreren Fällen geschehen ist, in denen verschiedene kommunistische Parteien an die Macht gekommen sind.

Wir könnten in diesen Fällen davon sprechen, daß hier der Marxismus als „Opium des Volkes" benutzt wurde ...

Ja, ja ... das trifft zu. (Lacht)

Kehren wir zu den Religionen im eigentlichen Sinn des Wortes zurück. Was meinen Sie, könnte ihre Rolle sein in der Zukunft dieses Planeten, der so voller Probleme und Schwierigkeiten steckt?

Es geht darum zu begreifen, daß das Ziel der Religionen, aller Religionen, nicht nur darin liegt, wunderschöne und imposante Tempel und Kirchen zu erbauen ..., ja, das sollte bei genauer Betrachtung nicht einmal das Hauptziel sein. Die Religionen täten besser daran, jenseits von Differenzen und Unterscheidungen bei der Erziehung der menschlichen Gemeinschaft hin zu Toleranz, Altruismus und Großzügigkeit zu kooperieren. Sehen Sie, Sie sind vollkommen im Recht, wenn Sie von einer Zukunft voller Probleme und Schwierigkeiten sprechen. Dieser Planet befindet sich am Rande einer schwerwiegenden Krise: Verschmutzung, Überbevölkerung und Kriege, die heutzutage eine zerstörerische Kraft entfalten können wie nie zuvor, zählen zu den schrecklichen Problemen. Wenn sich die Menschen jetzt nicht zu einer Dialogkultur und wechselseitiger Toleranz erziehen, wenn Aggressivität und Haß nicht überwunden werden oder sich zumindest bedeutend verringern, wenn man nicht die inneren Bedingungen für eine friedliche Koexistenz aller Völker und Gesellschaften schafft, dann stehen unserem Planeten, auf dem das Leben immer enger zusammenwächst, dramatische Zeiten bevor. Wie viele Gesetze auch verabschiedet werden, wie viele gute Absichten die internationalen Organisationen auch zum Ausdruck bringen, wie viele schöne Worte von den Regierungen auch gesprochen werden – wenn sich die menschlichen Wesen nicht in ihrem Geist und in ihrem Herzen verändern, dann werden sich auch keine positiven Veränderungen in dieser Welt vollziehen können, und wir werden am Rande eines Vulkans in Erwartung einer

Explosion verharren, einer Explosion, die von einem Augenblick zum nächsten eintreten könnte. Und im Bewußtsein einer solchen Eventualität werden die Sorgen, Ängste und die Panik der Menschen zunehmen und, falls nichts dagegen unternommen wird, noch mehr Sorgen, Ängste und Panik hervorrufen. Ein dramatischer Prozeß würde in Gang gesetzt werden, der sich bis hin zu seiner Explosion aus sich selbst speist. Wenn dies ein in Betracht zu ziehendes Szenario ist, und ich glaube leider, daß dies der Fall ist, dann ist die Rolle der Religionen von fundamentaler Bedeutung. Sie müßten auf allen Gebieten miteinander kooperieren, vorausgesetzt sie erkennen ihre jeweiligen Differenzen als naturgegeben und positiv an. Wir, als Praktizierende einer Religion, sollten uns als ein essentielles Instrument begreifen, um in uns selbst und in den anderen ein gutes Herz, Liebe, Respekt und Toleranz gegenüber unseren Mitmenschen und ein ehrliches Gefühl von innerer Offenheit zu entwickeln. Ich weiß sehr wohl, daß meine Worte für viele rhetorisch, idealistisch und wenig konkret klingen. Aber es ist ein Fehler, mich auf diese Weise zu verstehen. Wenn es der Menschheit in den nächsten Jahrzehnten nicht gelingt, eine positive Veränderung dieser Art zu bewirken, dann werden wir wohl extrem finsteren Zeiten entgegensehen. Sich nicht den Problemen zu stellen, sich den Problemen nicht aus dieser Perspektive zu stellen – das, so glaube ich, bedeutet wahrhaftig Rhetorik und Realitätsverlust!

Eure Heiligkeit, Sie sprechen von einem großen engagierten Auftrag, der den Religionen in ihrer Vielschichtigkeit zukommt, aber haben Sie nicht den Eindruck, daß die Rolle der Religionen in großen Teilen der Welt an Bedeutung verliert?

Nein, das denke ich nicht. Trotz der fortschreitenden Verweltlichung, die das Ergebnis eines Modernisierungsprozesses ist, der praktisch überall stattfindet, und auch ungeachtet des systematischen Versuches einiger totalitärer Regime, das religiöse Empfinden der Menschen zu zerstören, trotz dieser Phänomene hält die Menschheit daran fest, Religionen auszuüben.

Der Glaube an die religiöse Erfahrung widersetzt sich schwierigen Bewährungsproben, die oftmals auch Gewalt beinhalten. Der religiöse Instinkt und das spirituelle Empfinden haben in den letzten Jahren diese Prüfungen mit großer Kraft bewältigt, und diese große Kraft kann die inneren Voraussetzungen für eine positive Veränderung, für eine Kultur des friedlichen Miteinanders und des gegenseitigen Verständnisses bereitstellen. Sehen Sie, ich bin davon überzeugt ... eine Verwandlung wird sich nicht vollziehen können, wenn ich nur von realen und dauerhaften Veränderungen auf politischer und technologischer Ebene spreche. Sie müßte vielmehr eine Verwandlung der Herzen und des Geistes sein, eine spirituelle Verwandlung, die den Frauen und Männern dieses Planeten eine neue Sichtweise gibt, die es ihnen ermöglicht, sich mit neuen, besseren Augen zu betrachten. Wenn wir den Zorn, der in uns steckt, nicht besänftigen, wenn wir nicht unsere Einstellung gegenüber Haß und Gewalt verändern, wie können wir dann glauben, die Dinge nachhaltig verändern zu können? Nur durch Gesetze? Das glaube ich nicht. Die Gesetze sind zwar wichtig, aber noch viel wichtiger ist es doch, daß die Bürger sie zumindest mehrheitlich bewahren und befolgen, weil sie davon überzeugt sind. Ich denke, auch die beste Gesetzgebung wird keine guten Früchte tragen, wenn Menschen mit Gewalt dazu gezwungen werden, sie einzuhalten. Wenn ich nicht von der Gutartigkeit einer bestimmten Vorschrift überzeugt bin, selbst wenn sie einen guten Zweck verfolgt, und wenn ich diese gegen meinen Willen befolgen muß, weil ich dazu verpflichtet bin, ... ich glaube, ein Sachverhalt dieser Art entwertet die Gutartigkeit eines jeden Gesetzes. Es ist von fundamentaler Bedeutung, daß ein aufrichtiger Konsens über die Regeln unseres Zusammenlebens besteht. Es ist für uns alle an der Zeit – von den einfachen Bürgern bis hin zu den großen Staatsmännern – zu begreifen, daß wir trotz unserer Differenzen ein und derselben Menschenfamilie angehören. Die Unterschiede in Rasse, Kultur und Ideologie sollten nicht Gegenstand und Ursache von Spannungen und Auseinandersetzungen sein, sie sollten vielmehr den Dialog fördern und intelligente Neugierde und den Wunsch nach Begegnungen und gegenseitigem Kennenlernen wecken. Wir Buddhisten sprechen von dieser Einstellung als Mitgefühl, andere nennen es Liebe, und noch andere sprechen von Brüderlichkeit, ... wer weiß, wie viele Ausdrücke es geben mag, ... von Bedeutung ist es doch, daß diese Einstellung die Herzen und den Geist der ganzen Menschheit erobert und ihre Denkweisen, ihre Ausdrucksweisen und ihre Lebensweisen radikal verändert. Wenn wir diese Veränderung nicht zum Wohle unserer Mitmenschen eingehen wollen, weil uns ein altruistisches Verhalten nicht so viel bedeutet, dann machen wir es wenigstens für uns selbst. Wir versuchen zu verstehen, daß ein offeneres und entspannteres Klima auch in unserem individuellen Interesse steht. Wenn wir schließlich weiterhin Egoisten sein wollen, dann sollten wir uns wenigstens in intelligente Egoisten verwandeln. (Lacht)

Gemeinsam das Leben auf der Erde verbessern: für eine Politik der Freundlichkeit und universelle Verantwortung

Sie haben in den letzten Jahren immer öfter von einer Politik der Freundlichkeit und von einer universellen Verantwortung gesprochen. Könnten Sie uns diese beiden Konzepte vorstellen?

Sie sind natürlich die Fortsetzung dessen, wovon wir zuvor gesprochen haben, als wir auf die religiöse Erfahrung und ihren Beitrag für eine zukünftige Welt eingegangen sind. Sehen Sie, unser „Blauer Planet" ist die faszinierendste Umwelt, die wir kennen. Seine Existenz bedingt unsere Existenz. Ich glaube nicht, daß die Erde ein fühlendes Wesen ist, aber sie ist unsere Mutter. Sie ist unsere Mutter Erde, und wir sind wie Kinder von ihr abhängig. Heute, wo wir so vielen Problemen ausgesetzt sind, die nicht nur die menschliche Koexistenz, sondern sogar den Fortbestand unserer Mutter Erde in Gefahr bringen, müssen wir große Kräfte mobilisieren, um zu kooperieren und um gemeinsam positive Antworten auf die großen Fragen zu finden, die sich uns an dieser Jahrtausendwende stellen. Und ich meine, daß Konzepte wie eine Politik der Freundlichkeit oder eine universelle Verantwortung ihren Beitrag dazu leisten könnten.

Eure Heiligkeit, „Politik der Freundlichkeit" ist eine beeindruckende Formulierung. Könnten Sie uns konkret erklären, was damit gemeint ist?

Sehen Sie, ob es uns nun gefällt oder nicht, wir leben alle auf demselben Planeten und sind Angehörige ein und derselben menschlichen Familie. Europäer oder Asiaten. Amerikaner oder Afrikaner. Reiche oder Arme. Männer oder Frauen. Gläubige oder Ungläubige ... Letztlich ist jeder von uns ein menschliches Wesen, wie alle anderen, und wir menschlichen Wesen wünschen uns, glücklich zu sein, und wir wollen weder Leid noch Schmerz erfahren. Alle haben wir das gleiche Recht auf Glückseligkeit ... und auf die Abwesenheit von Leiden. In längst vergangenen Zeiten bzw. noch bis vor wenigen Jahrzehnten gab es Nationen oder Gemeinschaften, die in teilweiser oder völliger Isolation leben konnten. Tibet war beispielsweise eine solche Nation. Wir lebten eher abgeschieden vom Rest der Welt und waren darüber stolz, auch wenn dies persönlich betrachtet – wie ich schon sagte – ein Fehler war, den wir teuer bezahlen mußten, als die Chinesen unser Land okkupierten. Ob unser Verhalten nun richtig oder falsch war, sei dahingestellt. Tatsache bleibt aber, daß eine Isolation, die noch bis vor wenigen Jahrzehnten möglich war, heute nicht mehr möglich wäre. In jeder Hinsicht, ob politisch, ökonomisch, kulturell oder ökologisch – wenn heute etwas an einem bestimmten Ort in dieser Welt passiert, und sei er noch so abgelegen oder schwer zugänglich, die Nachricht hallt sofort über den ganzen Planeten. Die Informationen verbreiten sich mit Lichtgeschwindigkeit – durch das Radio, das Fernsehen, durch die Massenmedien kommen sie blitzschnell überall an.

Das „globale Dorf", von dem Marshall McLuhan bereits in den sechziger Jahren sprach ...

Ja, ein globales Dorf, oder, wenn Sie so wollen, die buddhistische Theorie der Wechselseitigkeit angewendet auf das soziale Leben, auf die täglichen Ereignisse. All unser Tun steht mit den anderen in Wechselbeziehung und das Tun der anderen mit uns. In dieser Situation gegenseitiger Abhängigkeit sollte man, wenn man seinen Interessen nachgeht, immer auch jene der anderen mitbedenken. Dies habe ich bereits zuvor als „intelligenten Egoismus" definiert und in diesem Kontext, meine ich, sollte man sich des Mitgefühls, des Altruismus und der Liebe bedienen; dies sind die besten Werkzeuge, um in der

Welt und für die Welt zu handeln. Und das bezeichne ich als Politik der Freundlichkeit.

Und diese Politik trägt Früchte und führt zu Ergebnissen?

In einem kurzen Zeitabschnitt bringt sie vielleicht nicht viel, ... man könnte ebensogut den Eindruck haben, sie bringe ganz und gar nichts. Aber ich bin überzeugt davon, daß sie sich über einen mittleren bzw. längeren Zeitabschnitt äußerst positiv auswirken wird. Sehen Sie, in Tibet sagt man, man könne zahlreiche Krankheiten durch die „Medizin des Mitgefühls und der Liebe" heilen. Daß wir diese Gefühle brauchen, ist tief in unserer Seinsweise verwurzelt. Es besteht auch kein Zweifel daran, daß es uns besser geht, wenn wir freundlich und herzlich sein können, wenn wir ein Klima gegenseitiger Zufriedenheit und Positivität schaffen oder wenn andere dieses Klima geschaffen haben und es auch uns zugute kommt. Selbst solche Menschen, die zu jähzornigen und widerspenstigen Verhaltensmustern neigen, sind glücklich, wenn diese Aspekte ihrer Persönlichkeit durch Aspekte der Liebe und des Altruismus beiseite geschoben und überwunden werden. Diese Gefühle rufen mehrheitlich eine Art analoger Reaktion hervor. Es ist schwierig, mit Zorn und Gewalt auf jemanden zu reagieren, der uns mit Freundlichkeit begegnet und der unsere Bedürfnisse, unsere Interessen und unsere Meinungen berücksichtigt ... Umgekehrt, wenn man feindselig und schroff auf uns reagiert, ist es viel einfacher, unsere guten Verhaltensweisen auf eine harte Probe zu stellen. Dabei reicht es nicht aus, ein Harmoniebedürfnis zur Kenntnis zu nehmen. Wir müssen unsere inneren Haltungen verbessern. Und nachdem wir uns selbst verändert haben, versuchen wir unseren Mitmenschen dabei zu helfen, sich zu verändern; das Mitgefühl bzw. ein mitfühlender Geist erzeugt Früchte, die nach Blumen duften. Vom Mitgefühl leiten sich andere positive Qualitäten ab, etwa die Toleranz, das Vertrauen in den Dialog und das wechselseitige Verständnis und viele andere mehr. Der mitfühlende Geist hat die Kraft, Negatives in Positives zu verwandeln, Verschlossenheit in Offenheit, beschränkte Visionen in offene Visionen und Weitsichtigkeit.

Ist Erziehung zu Altruismus und Toleranz ein spezifischer Gesichtspunkt der religiösen Praxis?

Gewiß, sie gehört dazu und sollte unbedingt ein Teil der religiösen Praxis sein, aber nicht nur dieser. Altruismus zu entwickeln müßte in der Verantwortung von uns allen liegen und nicht nur Aufgabe derer sein, die eine Religion praktizieren. Erzieher, führende Politiker, einfache Bürger – alle sollten sich in der Erziehung und Selbsterziehung engagieren. Ich glaube nicht, daß eine bestimmte Klasse – wie soll ich sagen – diesen Auftrag alleine ausführen sollte. Gewiß, in einem religiösen Umfeld sollte es eine Selbstverständlichkeit sein, Altruismus zu fördern und ihn mit den anderen zu praktizieren ...

Vor allem bei solchen Menschen, die nicht altruistisch sind, denn es ist ein Leichtes, ein altruistisches Verhalten gegenüber Gleichgesinnten zu praktizieren. Umgekehrt aber wird ein altruistisches Verhalten schwierig bei Menschen, die uns angreifen oder bedrohen ...

Altruistisches Verhalten ist immer positiv, und es erfordert immer eine gewisse Selbsterziehung auch bei Personen, die einem mitfühlend begegnen. Wenn wir nicht einen wahren altruistischen Geist entwickelt haben, dann könnten wir versucht sein, auch diejenigen auszunutzen, die uns freundlich begegnen. Es ist offensichtlich viel einfacher, sich freundlich gegenüber anderen zu verhalten, die sich ihrerseits freundlich verhalten. Wie ich zuvor schon sagte: Freundlichkeit führt zu Freundlichkeit. Aber wir müssen uns in besonderer Weise anstrengen und eine Politik der Freundlichkeit praktizieren und einen mitfühlenden Geist entwickeln, auch gegenüber denjenigen, die uns angegriffen oder uns Gewalt angetan haben und durch die wir viel Unrecht ertragen müssen.

Eure Heiligkeit, denken Sie in diesem Zusammenhang an ihr Volk und an all das, was Tibet durch die Chinesen erleiden mußte?

Nein, ich habe nicht von der Tragödie Tibets im besonderen gesprochen, aber jetzt wo Sie es erwähnen, können wir es als ein Beispiel herausgreifen, um die Politik der Freundlichkeit weiter zu erläutern. Nach der Invasion der Chinesen 1950 hat Tibet jede Form von Gewalt erfahren. Dennoch strenge ich mich auf jede erdenkliche Weise an, mein Volk davon zu überzeugen, daß sie nicht mit der geistigen Haltung unserer Unterdrücker auf diesen Zustand der Besetzung reagieren. Seit vielen Jahren suche ich den Dialog, versuche ich politische Lösungsvorschläge zu machen, die auch der chinesischen Seite Rechnung tragen. Ich versuche mit den Chinesen eine Politik der Freundlichkeit zu praktizieren. Nur durch diese geistige Haltung werden wir tatsächlich eine positive und wirksame Lösung unserer Probleme erreichen können. Es mag nach einer absurden idealistischen Position aussehen, aber das ist nicht so. Wenn wir uns umgekehrt auf die Ebene unserer Gegner, auf Gewalt, Konfrontation und Brutalität einließen, dann würden wir uns der schrecklichen Gefahr aussetzen, so zu werden wie sie, ... und selbst wenn wir absurderweise unseren Freiheitskampf gewännen, so würden wir in jedem Fall die Verlierer sein, denn wir hätten unsere besten inneren Qualitäten verloren.

Eure Heiligkeit, wollen Sie damit sagen, daß, wenn die Tibeter zu gewalttätigen Kämpfen und Formen des Terrorismus griffen, sie dennoch, auch in der hypothetischen Annahme eines Sieges, verlieren würden? Und selbst wenn die Chinesen tatsächlich von tibetischem Territorium vertrieben würden, so würde ihr schlechter Einfluß, der in der tibetischen Seele diese negativen Einstellungen hervorgerufen hat, bleiben?

Das ist meine große Sorge. Wenn die jungen Menschen in Tibet, denen meine moderate Politik ergebnislos erscheint und die, schlimmer noch, ohne Hoffnungen und Perspektiven für die Zukunft sich in die Verzweiflung fallen lassen, zu Formen des bewaffneten und gewalttätigen Widerstandes greifen, geben sie die Qualitäten auf, die Teil der Kultur Tibets sind. In diesem Fall wären wir spirituell und innerlich enteignet, auf eine Weise, wie es durch keine äußerliche Gewalt je erreicht werden kann. Wir hätten uns selbst unserer Qualitäten beraubt, und dies ist selbst nach vierzig Jahren fremder Okkupation nicht eingetreten. Sehen Sie, das traditionelle Tibet, das „alte Tibet" war kein irdisches Paradies, darüber haben wir schon gesprochen. Aber es war eine Welt, in der die Bevölkerung mehrheitlich, ganz gleich, aus welcher sozialen Schicht oder Region des Landes man stammte, im Bewußtsein einer Kultur lebte, die auf den Werten der Toleranz, der Freundlichkeit und des gegenseitigen Respektes basierte. Natürlich gab es im „alten Tibet" auch Probleme, aber grundsätzlich waren die Handlungsweisen der Menschen von Mitgefühl und Altruismus geprägt. Wenn die chinesischen Besetzer bedeutende Teile meines Volkes überzeugen sollten, ihr Erbe und ihre Besonderheit zu verleugnen ... vielleicht wäre das die bitterste Frucht der chinesischen Invasion ... und noch schlimmer zu bewerten als der Verlust unserer Freiheit.

Sie halten also am Konzept des Altruismus fest, das mittlerweile zu einem Bezugspunkt nicht nur für ihr Volk, sondern für viele Menschen überall auf der Welt geworden ist, ... vor allem nachdem Sie 1989 den Friedensnobelpreis erhalten haben?

Auf jeden Fall werde ich mein Anliegen einer Politik der Freundlichkeit weiter voran bringen. Gewiß, eine so wichtige internationale Anerkennung wie der Erhalt des Friedensnobelpreises hat mir, wie soll ich sagen, eine besondere Verantwortung auferlegt, und gleichzeitig hat es mir viel Kraft gegeben, weiterhin meine Ziele zu verfolgen. Das, was ich Ihnen sagen möchte, ist, daß eine Haltung des Mitgefühls oftmals der einzige Weg hin zu einer Lösung von Konflikten ist.

Zur Lösung beliebiger Konflikte?

Ja, jedes beliebigen Konfliktes, ... ob im politischen Leben, im wirtschaftlichen Leben oder im religiösen Leben. Wir sind uns fast nie im klaren darüber, daß oft gerade unsere eigenen Haltungen und Vorstellungen die Probleme schaffen, die wir eigentlich lösen wollen. Wenn wir verschlossen, steif und taub sind, wie können wir dann alle Herausforderungen bestehen, denen wir in unserem Zusammenleben mit anderen ausgesetzt sind? Jeder Kontakt wird zur Ursache von Konflikten. Schauen Sie, ich spreche jetzt nicht nur von großen Konflikten, von Konflikten zwischen Nationen, Staaten oder Weltmächten, ich spreche auch von den Konflikten im täglichen Leben, denen wir Tag für Tag ausgesetzt sind. Wenn wir ihnen nicht mit der richtigen geistigen Haltung begegnen, können sie unser Leben schädigen. Wenn ich in Begegnungen mit anderen meine Ideen vorstelle, bleibt oft ein Teil meiner Zuhörerschaft verwirrt, und die Frage kommt auf, was man denn nun genau unter einer mitfühlenden Haltung zu verstehen habe. Ich denke, eine wahre mitfühlende Haltung beruht immer auf der Grundlage eines schlichten und einfachen Grundsatzes: Wir sollten niemals vergessen, daß wir alle menschliche Wesen sind. Sehen Sie, wenn wir mit jemandem in eine Konfliktsituation geraten, dann vergessen wir oft diese einfache Tatsache. Wir neigen dazu zu vergessen, daß unser Gegner schließlich auch ein Mensch ist. Wir betrachten unser Gegenüber, das anderer Meinung ist und mit dem wir über Streitigkeiten zu befinden haben, auf einmal nicht mehr wie unseresgleichen. Nach und nach wird die Vorstellung, die wir von der Person haben, mit der wir uns in einer Konfliktsituation befinden, immer abstrakter. Unser Gegner wird zu einem negativen Sinnbild, das für das Böse steht, und schließlich werden wir immer verschlossener gegenüber dem, was uns der- bzw. diejenige zu sagen hat; unsere Taubheit gegenüber seinen bzw. ihren Worten und Ansichten vergrößert sich zunehmend. Und das, was eigentlich eine Kommunikation sein sollte, was zu einer wechselseitigen zufriedenstellenden Übereinkunft werden sollte, verwandelt sich tatsächlich in einen Dialog zwischen Menschen, die taub zu sein scheinen. Deshalb versteht man sich so oft nicht. Wenn es uns aber statt dessen gelänge, auch an das Menschsein unseres Gegners zu denken, wenn wir in der Lage wären, sein Leid zu fühlen, wie wir unser Leid fühlen, die Probleme zu erkennen, die auch wir haben, daß es ein Mann oder eine Frau ist, wie ich es bin, wenn wir zu all dem in der Lage wären, dann, so glaube ich, würden wir eine mitfühlende Haltung ausdrücken, durch die wir fähig wären, anderen und vor allem uns selbst zu helfen. Wir würden viel einfacher die großen und kleinen Probleme lösen können, die uns das Leben auferlegt – und indem wir unser eigenes Leben verbessern, tragen wir zur Verbesserung aller Leben bei! So würden wir die Lebensqualität auf dem ganzen Planeten verbessern. Ich meine, wenn man diesen Prinzipien folgt, setzt man den Buddhismus konkret in die Praxis um. Sind Sie anderer Meinung?

Ich glaube, es wäre schwierig, nicht mit Ihnen einer Meinung zu sein, Eure Heiligkeit …

Sie wissen, der Buddhismus verfügt über einen großartigen philosophischen, psychologischen und erkenntnistheoretischen Grundstock. Einige, die mit dem Studium der Lehre Buddhas und seiner Nachfolger beginnen wollen, bekommen einen Schrecken, wenn sie mit dem Umfang an Schriften, Kommentaren und Büchern konfrontiert werden, den sie studieren müßten, zumal oft betont wird, wie wichtig es ist, das Studium der Schriften ernsthaft und engagiert zu betreiben. Ich jedoch empfehle denjenigen, die sich durch den Werkumfang eingeschüchtert fühlen, ihre buddhistische Praxis mit der Lektüre der Biographien der großen spirituellen Meister der Vergangenheit zu beginnen. Das Lesen über die Leben der Heiligen, der *yogi*, der Meditierenden, die die Geschichte des *buddhadharma* im Laufe der Jahrhunderte begründet haben, kann wirklich sehr inspirierend sein, und wissen Sie auch, warum?

Warum?

Weil der Leser ohne Umwege von den konkreten Erfahrungen der Meister lernen kann, von ihren Handlungen und ihrer Lebensweise. Er lernt einen Buddhismus kennen, wie er auf das tägliche Leben angewendet wird. Und das ist wichtig, denn ein spiritueller Weg ist keine Ideologie, er ist nicht wie ein Gepäckstück, in das man Ansichten, die man mehr oder weniger mit anderen teilt, als Erinnerungen hineinstopft, um sie dann wie Ballast für immer mit sich herumzuschleppen. Er ist etwas Lebendiges, Konkretes, das unser Dasein als Männer und Frauen in dieser konkreten Existenz verändert. Gewiß ist das Studium und die Kenntnisnahme der Schriften wichtig, aber beim Lesen der Biographien der großen *lamas* der Vergangenheit kann man die Inspiration schöpfen, die für das Fortschreiten auf dem spirituellen Pfad notwendig ist. Und Sie werden feststellen können, daß in allen Biographien die Handlungen der Meister auf der Grundeinstellung des Mitgefühls beruhen, auf *bodhichitta,* und daß sie von dem Vorsatz geprägt sind, allen fühlenden Wesen zu helfen.

Während Sie das sagen, Eure Heiligkeit, kommt mir der Gedanke, wie häufig im Westen über die vermeintliche „Abstraktheit“ der buddhistischen Religion gesprochen wird. Ich glaube, viele Menschen im Westen sind davon überzeugt, daß Buddhist-Sein Rückzug und Entfremdung von der Welt, vom wirklichen Leben bedeutet …

Aber das ist ein völlig irrtümlicher Eindruck … Natürlich haben wir im Buddhismus die Tradition der *yogi* und der Meditierenden, die den größten Teil ihres Leben in Abgeschiedenheit verbringen. Es handelt sich jedoch um eine Minorität, die unter qualitativen Gesichtspunkten wichtig ist; aber die Mehrzahl der buddhistischen Meister lebt in der Welt, zwischen den Menschen. Sehen Sie, den Praktiken der buddhistischen Eremiten und *yogi* liegt auch die Motivation, die Erleuchtung für alle fühlenden Wesen zu erlangen, zugrunde. Auch ihre spirituelle Praxis und ihre Ausführungen stehen im Dienst der ganzen menschlichen Gemeinschaft.

Inwiefern?

Wenn ein Mensch an einem einsamen und isolierten Ort die Erleuchtung errungen hat, wird das Gute dieses Zustandes natürlich in seine Umwelt ausströmen, und sein Beispiel wird auf jeden Fall die menschliche Gemeinschaft erreichen. Es wird für viele eine Quelle der Inspiration sein. Aber wie ich Ihnen schon sagte, finden Sie diese Tradition der Eremiten nur bei einer begrenzten Anzahl von Meditierenden. Die Mehrheit der spirituellen Meister lebte und lebt in engem Kontakt mit den Menschen, die nicht nur aus ihren vortrefflichen Belehrungen Gutes ziehen können, sondern auch durch ihre Lebensweise und ihre konkreten Handlungen. Ich meine nicht, daß man vom Buddhismus bzw. von der buddhistischen Tradition behaupten kann, sie bedeute Loslösung und Entfremdung von allem Weltlichen. Im Gegenteil. Buddhismus zu praktizieren, heißt, sich konkret für die eigene Erlösung und die der anderen und für die Überwindung eigener und fremder Leiden zu engagieren.

Und was verstehen Sie unter universeller Verantwortung?

Zu fühlen, wie sehr wir alle, jeder von uns, verantwortlich ist für das Schicksal dieses Planeten und die Gemeinschaft aller Lebewesen; zu begreifen, welche tiefen Beziehungen zwischen Individuum und Kollektiv bestehen und vor allem zu verstehen, daß unser wahres Mitgefühl nicht auf abstrakten Behauptungen basiert, sondern darauf, was wir wirksam in die Praxis umzusetzen vermögen. Universelle Verantwortung heißt außerdem, eine authentische Kultur der Gewaltlosigkeit zu etablieren und zu verstehen, wie wichtig Fortschritte auf diesem Gebiet sind und wie wichtig es ist, sich in dieser Richtung weiter zu entwickeln. Für mich bedeutet universelle Verantwortung, die Absurdität des Krieges zu begreifen, die Absurdität, so viele ökonomische Energien auf die Konstruktion von Kriegsgerät und den Erhalt von teuersten militärischen Einrichtungen zu verwenden. Universelle Verantwortung heißt, zu fühlen, daß wir alle der gleichen menschlichen Familie angehören, und daß wir alle ein gemeinsames Schicksal haben. Und schließlich meint universelle Verantwortung, optimistisch in die Zukunft zu blicken und trotz der Probleme, mit denen wir konfrontiert sind, an die Intelligenz und Güte der menschlichen Wesen zu glauben, an die Kraft unserer Qualitäten und zu wissen, wie wir eine Welt schaffen können, die auf Respekt, Toleranz, Dialogbereitschaft und Altruismus basiert, damit wir eine bessere Welt schaffen können.

Glossar

Im Laufe unserer Gespräche hat der Dalai Lama vielfach Begriffe aus der Lehre der buddhistischen Tradition und der Kultur Tibets verwendet. Oft erklärt er sie direkt im Gespräch, manchmal allerdings auch nicht. Aus diesem Grunde füge ich dieses kleine Glossar hinzu, in der Hoffnung, daß es den Lesern nützlich sein wird. Die Abkürzungen *Skt.* und *Tib.* in Klammer beziehen sich auf die Sprache, der diese Wörter entstammen, Sanskrit oder Tibetisch.

abhidharma (*Skt.*): Teil des sogenannten Dreifachen Korbes, Hauptkompendium der Lehren, die die buddhistischen Schriften begründen. Der erste Teil ist der *vinaya-pitaka;* er enthält die Regeln und Verordnungen des ethischen und moralischen Verhaltens der Mönche und Laien. Der zweite, *sutra-pitaka* genannt, enthält die Meditationstechniken und verschiedenen Methoden der geistigen Ausbildung. Das *abhidharma-pitaka* bildet den dritten Korb und stellt ein Kompendium buddhistischer Psychologie dar, es untersucht die Funktionsweisen psychologischer Phänomene.

abhisheka (*Skt.*): „Initiation" oder besser „Kraftübertragung". Im *tantrayana* ist diese rituelle Zeremonie (Einweihung), die von hohen Meistern ausgeführt wird, von großer Bedeutung.

bodhi (*Skt.*): die innere Erleuchtung.

bodhichitta (*Skt.*): altruistisches Streben nach Erleuchtung zum Wohle aller Lebewesen; fundamentale Haltung im Mahayana- und Vajrayana-Buddhismus.

bodhisattva (*Skt.*): eine Person, die ihre eigene Existenz vollständig dem Wohle aller Lebewesen widmet; Vorstellung von einer besonderen Qualität des Erleuchtungsgedankens.

bön (*Tib.*): alte Religion in Tibet, die schon vor der Einführung des Buddhismus existierte; heute nur noch wenig bekannt, scheint es sich um eine Art von Schamanismus zu handeln, der mit einem Naturkräftekult verbunden ist.

Brahmane (*Skt.*): Angehöriger der höchsten hinduistischen Kaste, der Kaste der Heiligen.

Buddha (*Skt.*): Mensch, der die vollkommene Erleuchtung erreicht hat.

cham (*Tib.*): rituelle Tänze der *lamas.*

Chenresig (*Tib.*): der *bodhisattva*, der das Prinzip des Mitgefühls verkörpert; er gilt in Tibet als Schutzpatron und der Dalai Lama ist seine höchste irdische Erscheinung.

chörten (*Tib.*): ein wichtiges Bauwerk innerhalb der buddhistischen Tradition; es entstand ursprünglich als Reliquienschrein für die sterblichen Überreste des Buddha Shakyamuni; mit der Zeit ist es zu einem der Hauptsymbole des Buddhismus in Asien geworden.

Dalai Lama (*Tib.*): höchste spirituelle und politische Autorität des tibetischen Volkes; die Tradition der Dalai Lamas, entstanden im 14. Jahrhundert mit Gendün Drupa (1391–1472), reicht bis in unsere Tage hinein. Der jetzige XIV. Dalai Lama lebt in Dharamsala, einem kleinen Städtchen im indischen Staat Himachal Pradesh, im Exil.

devanagari (*Skt.*): die göttliche Schrift, eine der Hauptschriften des Sanskrit, die als Modell für die tibetische Schrift diente und von dem Gelehrten Tomi Sambhota im VII. Jahrhundert nach Christus verfaßt wurde.

dharma (*Skt.*): Gesetz oder spiritueller Weg; wird normalerweise als Synonym für Buddhismus verwendet.

gelong (*Tib.*): Mönch, tibetische Bezeichnung für einen voll ordinierten Mönch.

gelug-pa (*Tib.*): eine weitverbreitete Schule des tibetischen Buddhismus; gegründet von dem Lama Tsong Khapa zu Beginn des XV. Jahrhunderts. Im Westen ist sie auch allgemein unter dem Namen „Schule der Gelbmützen" bekannt, nach der Farbe der zeremoniellen Mützen, die ihre Anhänger tragen.

kagyü-pa (*Tib.*): eine der vier Hauptschulen des tibetischen Buddhismus; im XI. Jahrhundert von Gampopa (1079–1153) gegründet; zu ihren Vertretern zählt auch der berühmte Poet und Mystiker Milarepa.

kangyur (*Tib.*): Bedeutet wörtlich „Übersetzung des Wortes", „Verkündung"; jener Teil im tibetischen Kanon, der die Übersetzungen der Lehrreden des Buddha Shakyamuni enthält.

kata (*Tib.*): lange weiße Schärpe, üblicherweise aus Seide oder Baumwolle hergestellt, die man als Zeichen der Ehrerbietung verschenkt, wenn man wichtige Persönlichkeiten aus dem geistlichen oder weltlichen Leben besucht.

kündün (*Tib.*): wörtlich „die Präsenz"; einer der tibetischen Namen für „Dalai Lama".

lama (*Tib.*): tibetische Bezeichnung für *guru* (*Skt.*), ein spiritueller Meister.

mandala (*Skt.*): eines der wichtigsten symbolischen Elemente des Buddhismus; in der Regel ist es ein Schaubild, in dessen

Zentrum sich die Hauptgottheit befindet, der das *mandala* gewidmet ist. Die charakteristische Form eines *mandala* ist eine Art „Palast" mit einem Zentrum und vier Eingängen, die an verschiedene Kardinalpunkte gesetzt sind. Die *mandala* können aus farbigem Sand gemacht sein, aus Reiskörnern oder auf Mauern oder *tangka* aufgemalt sein.

mantra (*Skt.*): heilige Formel aus Sanskrit-Silben.

nirvana (*Skt.*): wörtlich „Zustand jenseits des Leidens"; der Zustand, in dem alle Leiden aufgehört haben.

nyingma-pa (*Tib.*): eine der vier Hauptschulen des tibetischen Buddhismus; sie entspringt der buddhistischen Lehre, die von Padmasambhava im VIII. Jahrhundert nach Tibet gebracht wurde.

Padmasambhava (*Skt.*): so nennen die Tibeter den Zweiten Buddha, den großen indischen Yogi, dem sie die Einführung des Buddhismus in Tibet verdanken.

puja (*Skt.*): liturgische Zeremonie des tibetischen Buddhismus und des Hinduismus.

sadhana (*Skt.*): wörtlich „Mittel zur Vollendung"; Korpus der spirituellen Übungen, aus dem sich allgemein die täglichen Praktiken der Buddhisten zusammensetzen. Eine *sadhana* ist gewöhnlich in vier Phasen unterteilt.

Shakyamuni (*Skt.*): Name des historischen Buddha, des Begründers der buddhistischen Religion.

sakya-pa (*Tib.*): eine der vier Hauptschulen des tibetischen Buddhismus, die in der Nachfolge von vier Meistern gegründet wurde. Der wichtigste Meister unter ihnen war Sakya Pandita (1182–1251).

sangha (*Skt.*): Gemeinschaft praktizierender Buddhisten.

sutra (*Skt.*): Werke, die die Lehren des Buddha Shakyamuni enthalten.

tangyur (*Tib.*): wörtlich „Übersetzung der Kommentare"; es handelt sich hierbei um den Teil des tibetischen Kanons, der die Kommentare der indischen Meister zu den Reden des Buddha Shakyamuni enthält.

tantra (*Skt.*): buddhistische Textgattung, die auf Lehrreden des Buddha Shakyamuni zurückgeht, die dieser in einer besonderen transzendenten Form gelehrt haben soll.

trapa (*Tib.*): Mönch, der noch nicht vollständig ordiniert ist.

tulku (*Tib.*): wörtlich „Körper der Verwandlung"; damit sind jene *lamas* gemeint, die bei ihrer Wiedergeburt eine menschliche Form wählen, um mit ihren Lehren dem Wohle der Menschheit zu dienen.

Vajrayana (*Skt.*): das „Fahrzeug des Vajra". Bezeichnung für den tantrischen Buddhismus, der auf den tantrischen Lehren beruht, die von Indien nach Tibet gebracht wurden. Irrtümlich wird Vajrayana manchmal mit dem Begriff „tibetischer Buddhismus" gleichgesetzt. Dieser umfaßt jedoch nicht nur das *tantra,* sondern kennt auch fast alle anderen buddhistischen Lehren. Die Gesamtheit wird von den tibetischen *lamas* auch „Drei Fahrzeuge" genannt: Hinayana (Kleines F.), Mahayana (Großes F.) und Vajrayana (Vajra-F.)

Vinaya (*Skt.*): Kodex der Verhaltensregeln im buddhistischen Mönchstum.

Literatur

Bücher des XIV. Dalai Lama

Die Lehren des tibetischen Buddhismus. Hamburg (Hoffmann und Campe) 1998.

Tibet – Ort der Götter, Land der Tränen. Hrsg. v. Gilles van Grasdorff. Freiburg (Herder/Spektrum 4497), 2. Aufl. 1998.

Der Weg zur Freiheit. München (Droemer Knaur) 1998.

Der Stufenweg. Zu Klarheit, Güte und Weisheit. Hrsg. v. Thubten Jinpa u. Christine Cox. Pfaffenhofen (Diamant Verlag) 1998.

Einführung in den Buddhismus. Die Harvard-Vorlesungen. Freiburg (Herder/Spektrum 4148), 10. Aufl. 1998.

Tod und Unsterblichkeit im Buddhismus. Vorw. v. Václav Havel. Hrsg. v. Peter Michel. Freiburg (Herder/Spektrum 4555) 1997.

Das Herz aller Religionen ist eins. Die Lehre Jesu aus buddhistischer Sicht. Hamburg (Hoffmann und Campe) 1997.

Den Geist erwecken, das Herz erleuchten. Zentrale tibetischbuddhistische Lehren – Bibliothek Tibets. München (Droemer Knaur) 1996.

Mein Leben und mein Volk. Die Tragödie Tibets, München (Droemer Knaur), Neuaufl. 1992.

Eine Politik der Güte. Hrsg. v. Sidney Piburn. Zürich/Düsseldorf (Walter-Verlag) 1992.

Biographien und Interviews

Levenson, Claude B.: Dalai Lama. Die autorisierte Biographie des Nobelpreisträgers. Zürich/Düsseldorf (Benziger Verlag) 1998.

Levenson, Claude B.: Ein Dalai Lama wird geboren. Wiedergeburt und Berufung des 14. Dalai Lama. Freiburg (Herder/Spektrum 4710), 1999.

Dalai Lama/Carrière, Jean C.: Die Kraft des Buddhismus und der Zustand der Welt. Bewußter leben in der Welt von heute. Freiburg (Herder/Spektrum 4463), 2. Aufl. 1998.

Dalai Lama: Sehnsucht nach dem Wesentlichen. Die Gespräche in Bodhgaya. Hrsg. v. José I. Cabezón. Freiburg (Herder/Spektrum 4229), 3. Aufl. 1995.

Dalai Lama: Mitgefühl und Weisheit. Ein großer Mensch im Gespräch mit Felizitas Schönborn, Freiburg (Herder/Spektrum 4288), 2. Aufl. 1994.

Hicks, Roger/Chögyam, Ngakpa: Weiter Ozean – Der Dalai Lama. Essen (Synthesis Verlag) 1985.